나는 왜
쇼츠를 멈추지 못할까

10대를 위한 실전 미디어 리터러시

나는 왜 쇼츠를 멈추지 못할까

김아미 지음

창비

지난해 겨울, 나에게 맞는 소셜 미디어 이용법은 무엇일지 고민하고 있다는 청소년과 나눈 이야기는 아직도 제 기억에 강하게 남아 있어요.

보람 제가 소셜 미디어를 너무 많이 쓰는 것 같더라고요. 다른 사람들이 올린 게시물을 보면 저만 뒤처지는 것 같다는 불안감이 들기도 했고요. 미디어 사용을 조절해야겠다고 마음먹었는데, 실천에 옮기기가 쉽지 않았어요.

아미 어떤 점이 제일 어려웠어요?

보람 정작 소셜 미디어를 안 쓰려니까 그 시간에 뭐를 해야 할지 모르겠더라고요. 소셜 미디어가 없는 세상을 경험해 본 적이 없어서 더 그랬던 것 같아요.

소셜 미디어가 없는 세상을 경험해 본 적이 없다는 말은 청소년에게 미디어가 일상임을 실감하게 했습니다. 저는 어린이·청소년과 미디어 경험에 대해 이야기 나누는 것이 직업인 미디어 리터러시(문해력) 연구자입니다. 청소년들과 미디어에 대해 대화를 나누며 제가 꼭 해 주고 싶은 이야기, 그리고 함께 생각해 보고 싶은 질문이 쌓여 갔습니다. 그 이야기와 질문을 모아 이 책을 쓰게 되었어요.

제가 만났던 어린이·청소년은 미디어를 좋아하고 항상 쓰고 싶어 하지만, 마음 한편으로는 '그만 써야 하는 것', '정해진 시간을 넘겨서 사용하면 안 되는 것'으로 인식하고 있었습니다. 그런데 저는 여러분에게 미디어가 '정해진 시간을 넘겨서 사용하면 안 되는 것'이기보다 '목적과 의도를 가지고 주도적으로 사용하며 익혀 가는 것'이기를 바랍니다. 그러기 위해서는 우리를 둘러싼 미디어 환경의 특성을 이해하고, 미디어에서 겪게 되는 경험을 한 발 떨어져서 볼 수 있는 태도가 필요합니다.

우리는 어떤 미디어 환경에 놓여 있을까요? 여러분이 태어나기 전부터 존재했던 유튜브(YouTube) 같은 미디어부터 매일같이 새롭게 등장하는 미디어 서비스(앱)에 이르기까지, 우리는 수많은 미디어를 경험합니다. 비대면 소통을 가능하게 하고 다양한 정보와 콘텐츠를 신속하게 주고받을 수 있게 하는 디지털 기술, 빠른 속도로 우리 삶에 들어오고 있는 인공 지능 기술도 있고요.

지금의 미디어 환경은 우리가 같은 경험을 하게 하기보다, 서로서로 다른 경험을 하게 합니다. 각 미디어 플랫폼의 알고리즘에 따라 미디어에서 어떤 정보와 콘텐츠를 읽고 쓰는지, 어떤 사람을 만나고 소통하는지 결정되기 때문입니다. 나의 유튜브 화면과 친구의 유튜브 화면이 다르고, 나의 소셜 미디어 화면과 친구의 소셜 미디어 화면에 등장하는 정보나 광고, 추천되는 친구가 다른 것처럼요.

나에게 맞춤으로 만들어진 것처럼 보이는 미디어 환경 속을 우리는 편안하고 즐겁게 누비고 다닙니다. 하지만 동시에 나와 다른 미디어 환경 속에서 다른 정보를 접하는 사람들과 갈등을 겪기도 하지요. 미디어 경험이 서로 다르다 보니 미디어를 사용하며 괴롭힘을 목격하거나 의도치 않게 다른 사람의 초상권을 침해하는 등 예상치 못한 어려움을 겪었을 때 어떻게 행동해야 하는지, 누구에게 도움을 청해야 하는지 막막함을 느끼기도 합니다.

우리 일상으로 존재하는 미디어 세상은 클릭만 하면 너무나 자연스럽게 열리고 펼쳐지는 세상인 것처럼 보이지만, 사실은 그 안에서 판단과 선택을 하기 위해 알아 가야 할 것이 많습니다. 알고 경험하는 미디어 세상과 모르고 습관적으로 겪는 미디어 세상은 다릅니다. 여러분이 일상으로 만나는 미디어 세상에 대해 '왜 그러지?'나 '무슨 의미지?' 같은 질문을 던져 보면 어떨까요? 그러면 미디어 세상에 대해 더 알고 싶은 것들이 생기고, 더 즐겁고 주도적으로 미디어 세상을 즐길 수 있을 겁니다. 여러분이 경험하는 미디어 세상에 궁금한 점이 생길 때, 이 책이 그 질문에 대한 답을 찾아 가는 가이드가 되기를 바랍니다.

차례

슬기로운 미디어 이용을 위한 체크리스트 ⌄

" 나는 얼마나 미디어를 "
잘 이용하고 있을까?

☐ 나는 습관적으로 미디어를 쓰지 않고, 내가 진짜 쓰고 싶은 미디어만
골라서 이용한다.

☐ 쇼츠를 보다가도 지금은 쉬어야겠다는 생각이 들면 멈출 수 있다.

☐ SNS나 게임 계정을 만든 이후에 비밀번호나 설정을 잘 챙긴다.

☐ 가입할 때 이용 약관이 뜨면 어떤 정보를 수집하는지 살펴본다.

☐ 지금은 안 쓰는 계정이 있다면, 그냥 두지 않고 탈퇴하거나 삭제한다.

☐ 앱이나 서비스가 지금 내 나이에 써도 괜찮은지 확인해 본다.

☐ 미디어 사용 중에 문제(욕설, 해킹 등)가 생기면, 어떻게 대처해야
할지 알고 있다.

☐ 내가 자주 쓰는 미디어가 더 나은 공간이 되기 위한 방법을 생각해
본다.

☐ 메신저나 SNS 등 각 미디어의 표현 방식에 맞춰 말하는 법을 안다.

☐ 미디어를 쓰지 않는 표현 방식(직접 말하기나 글쓰기)도 익숙하다.

☑ 8개 이상 체크

미디어를 슬기롭게 이용하고 있습니다!
이 책을 통해 구체적인 미디어 이용법에 대해 알아보아요.

☑ 5개 이상 체크

아직 미디어 이용법에 익숙하지는 않군요.
어떻게 미디어를 이용하면 좋을지 이 책을 읽으며 생각해 봅시다.

☑ 3개 이하 체크

미디어를 습관적으로 이용하고 있지 않나요?
슬기로운 미디어 이용 습관은 무엇일지 함께 고민해 보아요.

1부

온라인의 나,

온라인의 우리

전지수, 누구랑
이야기하는데 그렇게
실실 웃으시나?

남친 같은 거일
리는 없고.

삼 년째 맞팔 중인
인스타 친구~.

지수 네가
친구를?

이번에 드디어
실제로 보기로 했거든.

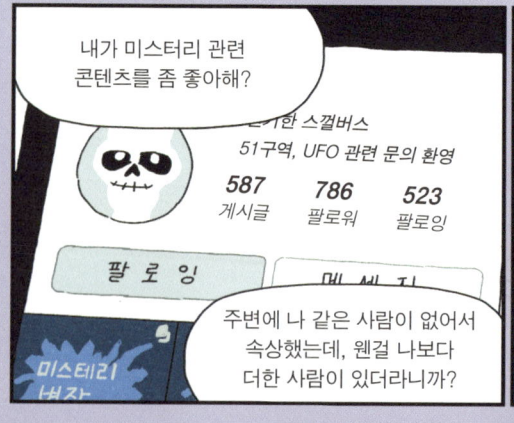

내가 미스터리 관련
콘텐츠를 좀 좋아해?

기한 스껄버스
51구역, UFO 관련 문의 환영

587
게시글

786
팔로워

523
팔로잉

팔 로 잉

메 세 지

미스터리
베장

주변에 나 같은 사람이 없어서
속상했는데, 웬걸 나보다
더한 사람이 있더라니까?

…괜찮겠어?

이상한 사람이면
어쩌려고.

'좋아요'의 의미

"온라인에 있으면 매 순간 평가받는 느낌이 들어요."

예전에 만난 어느 청소년이 한 말입니다. 소셜 미디어에 게시물을 올리면 '좋아요'를 얼마나 받는지, 얼마나 많은 사람이 공유하는지가 숫자로 표시되지요. 유난히 댓글이 적거나 '좋아요'를 받지 못한 게시물을 보면 아무도 모르게 삭제해 버리고 싶은 생각이 들기도 합니다.

소셜 미디어 공개 계정은 누가 나를 팔로우하는지, 팔로우하는 사람이 몇 명인지 모두가 볼 수 있습니다. 유튜브 계정이나 틱톡(TikTok) 계정을 처음 만들 때 부계정을 이용해서 팔로워 수가 몇 명 있는 것처럼 만드는 게 좋다고 한 청소년이 기억이 납니다. 소셜 미디어의 '좋아요'나 팔로워 수, 댓글 등이 나에게 정보를 주거나 소통의 수단이 되는 데 그치지 않고, 온라인에서 '나'라는 사람의 평판을 만드는 기준이 되기도 하지요.

▫️▫️ '좋아요', 주고받는 선물 ▫️▫️

만약 '좋아요' 수 때문에 마음을 쓰는 친구가 있다면 "네가 쓸데없는 걱정을 하는 거야. 그냥 모른 척하면 돼."라고 말해 줄 수 있습니다. 하지만 소셜 미디어에서 내가 받는 '좋아요'의 수나 댓글, 반응의 수를 통해 온라인 평판을 관리하려는 것이 개인의 성향 때문만이라고 하긴 어려워요. '좋아요' 수를 많이 받기 위한 이용자들의 노력은 소셜 미디어가 처음 등장했을 때부터 지금까지 이어지고 있으니까요.

저는 우리나라의 첫 번째 소셜 미디어라고 할 수 있는 '싸이월드'를 이용했던 세대입니다. 1999년 출시된 싸이월드에는 이용자의 페이지 첫 화면에 팔로워나 방문자가 방명록을 써 주는 공간이 있었습니다. 그래서 이용자들끼리 '내 방명록에 글을 써 주면 네 방명록에 글을 남기겠다.'라는 약속이 오가기도 했어요.

이후 제가 청소년들과 미디어에 대해 이야기를 나누고 연구를 하기 시작한 2000년대 중반에는 청소년들 사이에 '버디버디'라는 메신저 미디어가 유행했는데, 그때도 상대방의 반응을 신경 쓰는 문화가 있었습니다. 2010년대 말 페이스북(Facebook)에 대해 이야기를 나눈 청소년들은 누군가 나에게 '좋아요'를 남겨 주면 그 사람의 타임라인에 글을 남겨 주는 문화('좋탐')를 알려 주었지요.

이렇듯 소셜 미디어는 '좋아요' 수를 통해 얼마나 많은 사람이 나에게 반응하는지, 팔로우 수를 통해 내게 친구가 얼마나 많은지, 댓글을 통해 내가 다른 사람들에게 얼마나 영향력이 있는지를 보여 줍니다. '좋아요'나 팔로워, 댓글 등은 소셜 미디어에 얼마나 시간을 많이 쓰고 노력을 들이냐에 따라 달라지기 때문에, 결국 소셜 미디어에서 더 많은 시간을 보내고 자주 들어가서 '좋아요'를 누르게끔 되지요.

한 명의 진심 어린 '좋아요' vs. 열 명의 습관적인 '좋아요'

'좋아요'나 '하트'는 긍정적인 공감이나 지지를 표현하는 수단입니다. 그래서 슬픈 게시물에 '좋아요'를 누를 수는 없다는 이용자들의 의견을 받아들여 페이스북은 2016년 감정을 나타내는 이모티콘을 여섯 개로 늘렸습니다(2025년 현재는 일곱 개). 감정을 표현하고 공감하기 위한 방법으로 '좋아요' 같은 이모티콘을 누르곤 하지만, 모두가 그런 것은 아닙니다. 아래의 사례를 함께 살펴볼까요?

"저는 '출석 체크'를 하듯 '좋아요'를 눌러요. 그 게시물을 보았다는 의미로요."

"말도 안 되는 게시물이 올라온 경우, 일부러 망신을 주려고 공유를 하거나 '좋아요'를 눌러요. 이때 '좋아요'는 동의나 긍정의 의미가 아니에요."

이렇듯 '좋아요' 수가 단순히 나의 말을 좋아하고 나에게 공감하는 사람이 몇 명인지를 나타내는 증거라고 보긴 어

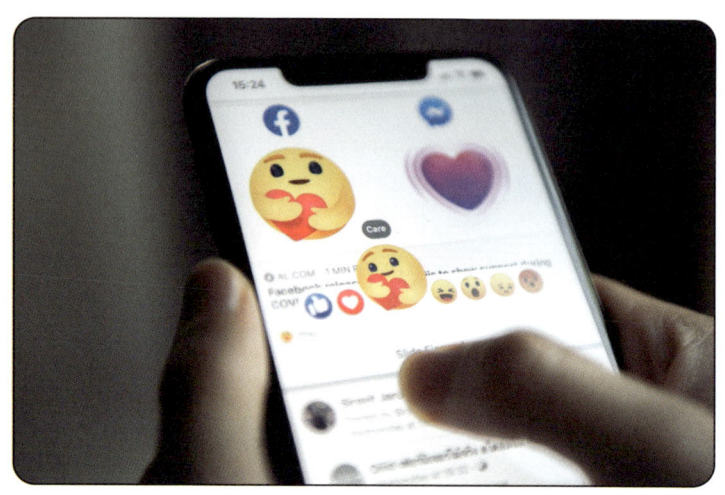
현재 페이스북에서는 일곱 가지의 감정 표현을 할 수 있다.

려워요. 내가 평온한 일상에 대한 게시물을 올렸을 때, 그것을 본 친구는 내가 잘 지내고 있다고 생각해 '좋아요'를 누르지 않고 넘어갈 수 있겠지요. 많은 사람이 큰 의미 없이 누른 '좋아요'보다 나에게 관심을 두고 마음을 쓰는 소수의 사람이 누른 '좋아요'가, 혹은 '좋아요'가 아니더라도 나에게 보내 주는 응원의 목소리가 더 큰 힘이 될 수 있습니다. 소셜 미디어의 '좋아요'는 숫자만 보여 주지, 상대방이 나에게 얼마나 마음을 쓰고 있는지를 보여 주진 못합니다. 내 게시물에

'좋아요'를 누르지 않아도, 마음을 써서 댓글을 남기거나 직접 연락을 할 수 있습니다. 나에게 응원이 될 만한 게시물을 올리고 나를 태그하는 방식으로 마음을 표현할 수도 있지요.

내 소셜 미디어 계정의 목적

그래도 '좋아요' 수가 계속 신경 쓰일 수 있어요. 물론 소셜 미디어에서 많은 팔로워를 확보하고, '좋아요' 수를 많이 받는 것이 중요한 사람들도 있습니다. 인플루언서가 되거나 온라인에서 어느 정도 영향력을 얻고 싶은 사람들이 그렇지요.

아무래도 '좋아요'에 마음이 쓰인다면, 소셜 미디어 계정을 운영하는 목적이 무엇인지를 먼저 생각해 보면 어떨까요? 온라인에서 주목을 받고 나를 최대한 많은 사람에게 널리 알리는 것이 목적인가요, 나의 일상을 기록하고 주변 친구들과 소통하는 것이 목적인가요? 소셜 미디어 계정을 만들 때는 친한 친구와 소통하기 위해 별 목적 없이 시작했을지 몰라요. 하지만 계속 소셜 미디어를 사용하고 있다면, 내가 소셜 미디어를 통해 얻고자 하는 것은 무엇인지 생각해 보길 바랍니다. 만약 그저 나의 일상을 기록하고 주변 사람과 소통하는 목적으로 소셜 미디어를 이용하고 있다면, 나를 잘 모르는 타인에게 '좋아요'를 받는 것은 크게 중요하지 않을 거예요.

함께 생각해 봅시다

내가 많이 쓰는 소셜 미디어 하나를 고르고 아래 질문에 답해 봅시다.

● 사람들이 서로에게 반응을 보일 수 있는 기능들은 어떤 것이 있나요?

● 이런 기능들은 왜 만들어졌을까요?

● 이런 기능들을 실제로 어떻게 사용하나요?

소셜 미디어를 어떤 목적으로 쓰는지 생각해 봅시다.

● 지금 쓰고 있는 소셜 미디어가 있다면, 소셜 미디어를 쓰는 목적과 맞는 기능은 무엇이고, 필요 없는 기능은 무엇인가요?

● 어떤 기능이 더 생기면 좋을까요?

알 듯 모를 듯한 온라인 친구

온라인에서는 쉽게 친구가 되는 것 같아요. 취미를 공유하는 온라인 친구, 나와 같은 연예인을 좋아하는 온라인 친구, 나와 진로 고민을 함께하는 온라인 친구 등 다양한 친구가 존재합니다. 유명 유튜버나 소셜 미디어 인플루언서도 때론 친구처럼 친근하게 느껴지지요. 그들의 고민을 듣다 보면 내 친구의 고민을 듣는 것처럼 가깝게 느껴지곤 해요.

여러분은 오프라인 친구보다 온라인 친구를 만드는 게 더 쉬운가요? 온라인 친구를 사귀는 것과 오프라인 친구를 사귀는 것은 조금 다른 듯한데, 어떻게 생각하나요?

대표적인 소셜 네트워크 서비스인 '페이스북'은 2004년에,
'인스타그램'은 2010년에 출시되었다.

▫▪▫ '소셜'한 디지털 세상 ▫▪▫

우리가 이용하는 디지털 미디어들은 누군가와 소통하고 함께할 수 있도록 만들어진 경우가 많아요. 소셜 미디어가 대표적인 사례지요. 소셜 미디어는 소셜 네트워킹 서비스(Social Networking Service), 즉 SNS라고 불리기도 합니다. 온라인에서 사람들이 서로 사회적인 관계를 맺을 수 있는 서비스라는 의미입니다. 소셜 미디어는 관계 맺기와 소통을 목적으로 만들어진 서비스예요.

한편 이용자들끼리 채팅을 하는 서비스도 있습니다. 게임에 포함된 채팅 창도 있고, 채팅 전문 앱도 있어요. 카카오톡처럼 짧고 즉각적으로 메시지를 주고받는 인스턴트 메신저도 있죠.

댓글도 어찌 보면 소통을 가능하게 하는 기능입니다. 누군가가 올린 게시글이나 포털의 뉴스 기사에 댓글로 자신의 의견을 표현하고, 대댓글로 소통할 수 있습니다.

이렇듯 디지털 공간에서는 '혼자 있기'보다 '함께 있기'를 가능하게 하는 장치가 더 많아요. 소통을 전제로 하는 디지털 공간에 있다 보면 자연스럽게 친구를 만들게 되는 것 같습니다.

타인을 친근하게 느끼게 하는 디지털 공간의 장치들

디지털 공간에서 처음 만난 사람들에게 우리는 쉽게 친근감을 느낍니다. 예를 들어 유명한 유튜버나 인플루언서를 떠올려 보면 그들은 나와 개인적으로 겹치는 점이 거의 없는데, 왠지 어렵지 않게 다가갈 수 있을 것 같지요. 왜 그럴까요?

일상을 공유하는 소셜 미디어 문화 때문입니다. 이를테면 유명 인플루언서가 공유하는 일상과 고민을 보면서 '나와 크게 다르지 않네.' 하며 내적 친밀감을 느끼는 것이지요. 게시물에 댓글을 달거나 반응을 하면서 그와 가깝게 교감하는 듯한 기분이 들기도 해요.

콘텐츠나 게시물의 형식도 친밀감을 느끼게 합니다. 유명 유튜버가 만드는 콘텐츠는 딱딱한 형식보다는 마치 친구와 수다를 떠는 것처럼 일상적이고 편안한 형식인 경우가 많지요. 또 유튜버나 인플루언서는 자신의 구독자나 팔로워에게 이름을 붙여 부르면서, 유대감이나 소속감을 느끼게 합니다. 여러분이 구독하고 즐겨 보는 유튜브 채널에서는 구독자를 어떤 애칭으로 부르나요? 구독자 애칭이 없었다면, 그 유튜버를 덜 친근하게 느끼게 됐을까요?

느슨한 우리 사이, 온라인 친구 관계

여러분은 어떻게 온라인 친구를 만나게 되나요? 대개는 공통의 관심사로 만나게 될 거예요. 내가 좋아하는 것을 같이 좋아하는 사람일 수도 있고, 나와 비슷한 고민을 가진 사람일 수도 있어요. 게임을 하다가 만난 사람과 친해지기도 합니다. 누군가가 온라인 친구 관계를 '해시태그 우정'이라고 표현했던 것이 기억나요. 마치 해시태그처럼 공통의 관심사나 취향, 가치관을 공유하는 것이 온라인 친구 관계의 특징이라고 생각해요.

물론 오프라인에서도 나와 좋아하는 것이 같으면 더 쉽게 친구가 됩니다. 하지만 오프라인에서는 나이나 성별, 사는 지역 등에 따라 한정된 범위에서 친구를 사귀게 되지요. 온라인에서는 그런 한계가 없는 편이에요. 일부러 드러내지 않으면 몇 살이고 성별이 무엇인지, 어느 나라 사람인지 등과 같은 개인 정보는 알 수 없습니다. 온라인에서 우리는 '아이디'와 '계정'으로 존재하니까요.

또 온라인에서 우리는 필요에 따라 여러 계정을 운영하거나 여러 플랫폼에서 다르게 활동하기도 해요. 내가 온라인에서 보여 줄 모습을 선택하고 조율할 수 있는 것처럼, 온라인 친구들도 일부의 모습만 보여 줄 수 있습니다. 나의 성격, 취향, 특성을 공유하며 우정을 쌓는 오프라인 친구와는 조금 다르죠.

온라인 친구와는 항상 같이 있을 필요가 없습니다. 가능할 때 접속해 소통하고, 아닐 때는 남겨진 기록으로 일상을 짐작할 수 있지요. 게임에서 마음에 꼭 맞는 온라인 친구를 사귄 적이 있다는 청소년은 이런 말을 하기도 했습니다.

"매일 같은 시간에 만나 게임을 함께하기로 한 온라인 친구가 있어요. 며칠 동안은 온라인에서 만나 함께 재미있게 게임을 했는데, 갑자기 아무 말 없이 사라졌어요. 하지만 크게 신경 쓰지 않았어요. 그럴 수 있죠."

만약 오프라인 친구가 아무 말 없이 사라졌으면 처음에는 속상하다가 나중에는 걱정이 되지 않았을까요? 우리가 온라인 친구에게 기대하는 것과 오프라인 친구에게 기대하는 것은 조금 다릅니다.

🔲🔳🔲 계정을 폭파하고 사라진 친구 🔳🔲🔳

오프라인 친구 관계는 온라인 친구 관계보다 조금 더 끈끈하고 복잡한 것 같아요. 오프라인 친구와 갈등이 생겼을 때 완전히 절교하고 서로를 보지 않는 경우는 많지 않죠. 어떻게든 계속 보게 되니 시간이 지나 화해를 하거나, 화가 났던 것이 풀리고 서로의 입장을 이해하게 되기도 합니다. 또 주변 친구들이 개입해서 화해할 수 있게 도와주기도 하고요.

하지만 온라인 친구와 오해나 갈등이 생겼을 때는 적극적으로 갈등을 해결하기보다 그냥 팔로우를 끊거나 계정을 삭제하고 사라지기도 합니다. 이런 '계정 폭파'는 온라인에서 만든 나의 존재를 지우는 동시에, 나를 친구로 생각했던 사람들에게는 허무감을 주는 행위입니다. 서로 주고받은 댓글이나 기록도 함께 없어지고, '좋아요' 표시를 하고 자주 들여다봤던 게시물도 볼 수 없게 되니까요. 물론 계정을 폭파하는 사람도 상실감이 클 수밖에 없을 거예요.

이렇듯 갈등이 있으면 해결하기보다 사라지는 모습들을 볼 때, 온라인 친구 사이는 서로 책임감을 느끼지 않는 가벼운 사이라는 생각이 들기도 합니다. 더군다나 온라인 공간은 갈등을 해결할 충분한 시간도, 함께 노력할 수 있는 여지도 갖기 어려운 곳인 것 같아요. 온라인 친구와 싸움이 너무 커져서 속상했다고 말해 준 청소년의 이야기가 기억납니다.

> "온라인에서 만난 친구와 말싸움을 했는데 그 친구가 말도 안 되는 소리를 해서 너무 화가 나는 거예요. 화난 마음에 저격 글을 써서 올렸는데, 그걸 본 다른 사람들이 제 편을 드는 댓글을 달고, 저격 내용을 캡처해서 다른 커뮤니티에 올렸어요. 화가 풀리면 저격 글은 내리려고 했는데 일이 너무 커져서, 결국 화해하지 못하고 연락이 끊겨서 속상했어요."

온라인 친구는 현실적인 환경을 떠나 익명으로 만나게 되지요. 그래서 오히려 더 진실한 관계가 될 수도 있습니다. 오프라인 친구와 마찬가지로 온라인 친구에게도 책임감을 느끼며 갈등이 생겨도 피하지 말고 서로 해결하려는 마음을 가지면 좋겠습니다.

온라인 친구, 어떤 친구이기를 바라나요?

소셜 미디어에서 우리는 사람들과 느슨한 연결 고리(가벼운 친구 관계)를 만들어 갑니다. 나이와 직업, 사는 곳과 상관없이 공통점을 찾고 일상을 공유하기도 하지요. 나와 친구가 될지 몰랐던 사람들에게 어렵지 않게 말을 걸고 친구가 될 수도 있다는 점은 온라인 공간의 매력입니다. 하지만 홀연히 사라져 버리는 온라인 친구를 보며 허망함을 느끼기도 하고, 때론 무책임하다는 생각이 들 수도 있습니다.

우리가 온라인에서 친구에게 원하는 것은 무엇일까요? 오프라인 친구 없이 온라인 친구만으로도 나의 관계는 행복할까요? 거꾸로도 생각해 볼 수 있습니다. 누군가에게 온라인 친구인 나는 그에게 어떤 사람인가요?

온라인 친구 한 명, 오프라인 친구 한 명을 골라서 다음 질문에 답해 봅시다.

- 어떻게 친해지게 되었나요?

- 친구의 좋은 점과 아쉬운 점은 무엇인가요?

- 친구와 무엇을 하고 싶나요?

- 친구와 갈등이 생겼을 때 어떻게 화해했나요?

온라인 친구 사이는 어떻게 만들어 가는 게 좋을까요?

- 온라인 친구끼리 이것만은 꼭 지켰으면 하는 점이 있나요?

- 온라인 친구와 화해하는 방법은 무엇인가요?

어느 동네에 살고 싶나요?

지금 청소년에게 소셜 미디어는 언제든 놀러 갈 수 있는 옆 동네 같다는 생각을 하게 됩니다. 특정 기능을 수행하는 곳이 라기보다, 다른 사람들과 어울리는 공간으로 여겨지고 있는 것이지요. 이 장에서는 소셜 미디어의 성격을 지닌 플랫폼들을 '동네'로 생각하고 설명해 보려고 해요. 이번 주말에는 어느 '핫 플레이스'에 놀러 갈까, 내가 시간을 보내고 싶은 동네는 어디일까를 신중하게 선택하는 것처럼 어떤 소셜 미디어에 계정을 만들고 이용할까, 어떤 소셜 미디어 플랫폼에서 나를 표현하고 소통할까(물론 소셜 미디어를 이용하지 않겠다는 결정도 가능합니다)도 이모저모 따지며 신중하게 선택해야 합니다.

각 동네에는 그 동네 나름의 특징과 소통 방식, 동네를 주로 방문하는 사람들의 특성이 있어요. 현재 사용하고 있는 소셜 미디어가 있다면, 아니면 사용할까 말까 고민 중인 소셜 미디어가 있다면 지금부터 소개할 기준들을 적용하면서 평가해 보면 어떨까요? 소셜 미디어라는 '동네'의 특성을 분석하고 주도적으로 선택하면, 더 즐겁고 안전하게 소셜 미디어 생활을 할 수 있을 거예요.

내가 놀러 가고 싶은 동네 탐방하고 선택하기

온라인에는 여러 소셜 미디어 플랫폼이 있습니다. 인스타그램(Instagram)처럼 이미지를 중심으로 서로의 안부와 생각을 나누는 곳도 있고, 유튜브처럼 길거나 짧은 영상들로 정보를 공유하거나 표현을 하는 곳도 있습니다. 로블록스(Roblox)나 마인크래프트(Minecraft)처럼 친구들과 공간을 만들며 놀 수 있는 곳도 있어요.

정해진 스토리 없이 활동하는 게임인 마인크래프트에서는
사용자 사이의 소통이 활발하다.

여러분은 어떤 동네에 가서 놀지를 어떤 기준으로 결정하나요? 내 친구들이 주로 어디에 가는지를 보고 결정할 수도 있고, 그 동네에서 무엇을 할 수 있는지, 어떤 재미있는 놀거리나 볼거리가 있는지를 따져 보며 결정할 수도 있습니다.

온라인에서 어떤 소셜 미디어를 이용할지도 이렇게 따져 보며 결정할 수 있어요. 어떤 기준이 되었건, 여러분이 어떤 플랫폼을 주로 이용할지를 여러분 스스로 판단하고 선택하는 것이 중요합니다. 어떤 동네에 주로 머무는지는, 다시 말해 어떤 소셜 미디어에 계정을 만들고 이용하는지는, 내가 어떤 정보를 접하고 어떤 사람들과 소통을 하는지를 결정하기 때문입니다. 자, 그럼 어느 동네에 머물지 결정하기 위해 무엇을 살펴보면 좋을지 제안해 보겠습니다.

▫▫▫ 1단계, 이 동네에 내 자리가 있을까? ▫▫▫

소셜 미디어를 이용하기 위해서는 계정을 만들고 운영해야 합니다. 특정 소셜 미디어에 계정을 만드는 것은 여러분이 선택한 동네에 여러분만의 자리를 만드는 것과 같습니다.

계정을 만들지 결정하기 위해서 먼저 해당 소셜 미디어에 계정을 만들 수 있는 연령을 확인해야 합니다. 예를 들어 한국에서 유튜브 계정을 만들기 위해서는 만 13세 이상이어야 해요. 만 13세 미만의 어린이는 부모나 양육자 등 관리할 수 있는 성인이 '감독 기능'을 할 수 있도록 설정이 되어야 계정을 이용할 수 있습니다.

소셜 미디어에 계정을 만들고 싶은데 연령이 아직 안 되었을 때, 친척이나 가족 계정을 빌려서 쓰는 경우도 있을 거예요. 하지만 여러분의 연령과 다른 연령으로 계정을 만들거나 어른의 계정을 빌려 쓸 경우, 여러분의 연령에 맞지 않는 콘텐츠나 광고에 노출될 위험이 있습니다. 그리고 최근 들어 소셜 미디어에 청소년 이용자를 보호하는 정책이 도입되고 있는데, 나이를 속이면 보호 대상에서 의도치 않게 벗어나게 되는 문제가 생길 수도 있어요. 만약 이용자 권장 연령이 안 되었는데 꼭 그 소셜 미디어를 이용해 보고 싶다면, 나이를 속여서 계정을 만들지 말고 주변 가족이나 믿을 만한 어른에게 허락을 받고 어른의 보호하에 소셜 미디어를 함께 사용해 보는 것을 추천합니다.

계정을 만들면서 여러분은 '이용 약관'에 동의할 것인지 결정하게 됩니다. 이때 이용 약관은 소셜 미디어 플랫폼과 여러분이 맺는 계약과 같아요. 이용 약관을 보면 이 동네에서 내가 생활하기 위해서 어떤 비용(구독료 같은 경제적 비용일 수도 있고, 개인 정보를 수집하는 등 눈에 보이지 않는 비용일 수도 있어요)을 지불해야 하는지를 알 수 있습니다. 소셜 미디어 플랫폼의 이용 약관은 수시로 업데이트되기도 합니다. 그래서 어떤 내용에 내가 동의하고 있는지 정기적으로 확인하는 것이 좋아요. 아래는 페이스북과 인스타그램을 운영하는 '메타(Meta)'가 개인 정보 처리 방침에서 수집한다고 밝힌 개인 정보(2025년 6월 기준)를 정리한 내용입니다. 페이스북과 인스타그램이 어떤 정보를 수집하고 활용하는지 한번 살펴보세요.

　　― 회원님이 만든 콘텐츠(예: 게시물, 댓글, 오디오)

　　― 회원님이 저희의 카메라 기능 또는 회원님의 카메라 롤 설정 또는 저희의 음성 지원 기능을 통해 제공하는 콘텐츠.

　　― 콘텐츠 및 메시지 관련 메타 데이터.

　　― 회원님이 보거나 상호 작용하는 콘텐츠의 유형 및 상호 작용 방식.

　　― 회원님이 사용하는 앱과 기능, 회원님이 해당 앱과 기능에서 취하는 행동.

　　― 회원님이 수행한 구매 또는 기타 거래.

　　― 회원님이 사용하는 해시태그.

　　― 회원님이 저희 제품을 사용하는 활동 시간, 빈도, 기간.

　　― 회원님의 셀카 사진 또는 동영상.

우리가 사용하는 미디어 앱이나 소셜 미디어의 이용 약관을 꼼꼼히 읽다 보면 예상했던 것보다 다양한 개인 정보를 수집하고 예상치 못했던 방식으로 활용하고 있음을 알게 될 때가 많습니다. 계정을 만들 때 이용 약관을 잘 살펴보고, 내가 원치 않는 개인 정보 수집과 활용 조항이 있다면 계정을 만들지 않겠다는 결정을 할 수 있어요.

2단계, 이 동네에서 사람들은 어떻게 자신을 표현하나?

두 번째로는 내가 관심을 가지는 동네가 어떤 소통과 표현 방식을 제공하는지 살펴보길 권합니다. 예를 들어 쇼트 폼 영상 플랫폼 틱톡은 짧은 영상으로 나를 표현하게 하는 곳입니다. 틱톡에서 사람들은 영상과 음악, 자막 등으로 자신을 표현하고, 챌린지 등 무언가를 함께하면서 교류하기도 합니다. 이 동네에서는 길게 나의 이야기를 펼쳐 놓기보다 짧고 강렬하게 메시지를 전달하지요. 틱톡이라는 동네의 표현 방식을 이해하면, 다른 사람들이 틱톡에 올리는 영상이 전하려는 메시지를 이해하는 데도 도움이 됩니다.

인스타그램이라는 동네가 제공하는 표현 방식을 생각해 볼까요? 인스타그램에서는 텍스트 중심 게시물보다 이미지 중심 게시물이 주를 이루지요. 그러므로 인스타그램에서 이용자는 내가 하고자 하는 이야기를 사진이나 이미지로 표현하고, 그 이미지에 적절한 해시태그를 붙여 의미를 덧붙이곤 합니다. 게시물의 공개 범위를 정할 수 있고, 게시물이 공개되는 시간을 정할 수도 있습니다. 2020년에는 틱톡처럼 짧은 길이의 영상을 공유하는 '릴스'라는 기능도 추가되었지요. 이 동네에서는 시각과 이미지가 주요한 표현 양식임을 알 수 있습니다.

더불어 각 플랫폼이 제공하는 소통 방식에 대해서도 간략히 살펴볼 수 있습니다. 플랫폼에 포함된 기능들이 무엇인지, 예를 들어 친구를 어떻게 추가하고 관리할 수 있는지, 내가 올린 게시글의 공개 및 공유 범위를 어떻게 정할 수 있는지, 플랫폼 안에 있는 사람들과 사적으로 교류할 수 있는 기능이 있는지 등도 잘 알아 두어야 할 내용이지요.

이렇게 각 동네의 주된 표현과 소통의 양식을 살피면서 내가 활동하고 싶은 공간인지 판단할 수 있어요. 더 나아가 그 동네에서 일어나는 소통 현상과 공유되는 정보의 특성에 대해 비판적으로 이해할 수도 있습니다.

3단계, 이 동네에는 어떤 사람들이 살고 있나?

내가 머물고 시간을 보내고 싶은 동네인지 판단하기 위한 또 다른 기준으로, 어떤 사람들이 이 동네 구성원인지, 이 동네에서는 어떤 주제의 이야기가 어떤 방식으로 오가는지를 살펴볼 수 있어요. 이를테면 동네 문화라고 할 수 있습니다.

어떤 동네는 짧고 위트 있는 말로 일상의 경험을 나누는 소통이 주를 이루고, 어떤 동네는 사회적 사안에 대한 정보를 나누고 긴 글로 토론하는 소통이 주를 이룹니다. 어떤 동네는 다른 구성원과의 소통보다 자신을 표현하는 것이 중요할 수도 있지요.

동네 문화는 직접 계정을 만들고 활동하기 전에는 잘 보이지 않을 수 있습니다. 그럴 때는 내가 관심을 두고 알아보려 하는 플랫폼을 미리 이용해 본 사람들에게 물어볼 수도 있고, 계정을 만들지 않은 채 플랫폼에 올라온 내용들을 훑어볼 수도 있어요. 동네의 문화를 알기 위해서 또 한 가지 찾아보면 좋은 것은 '커뮤니티 가이드라인'입니다. 커뮤니티 가이드라인은 동네 사람들 간의 약속 같은 것입니다. 커뮤니티 가이드라인을 통해 이 동네에서는 무엇을 지켜야 하는지, 어떤 행동과 표현이 허락되고 허락되지 않는지, 운영자는 동네 사람들을 어떻게 보호하고자 하는지, 동네 안에서 어려움을 겪거나 피해를 입었을 때 어떤 도움을 받을 수 있는지 등을 알 수 있습니다.

내가 놀러 가는 동네의 구조적 특징 이해하기

세 가지 판단 기준을 활용해서 여러분이 주로 활동하고 싶은 동네를 결정하고, 계정을 만들고 활동을 시작했다고 해 봅시다. 조금 더 깊이 들어가면, 눈에 바로 보이지는 않지만 동네의 특성에 영향을 미치는 '구조'에 대해 탐구할 수 있어요.

먼저, 이 동네에서 이용자로부터 수집하는 개인 정보와 그것에 따라 변화하는 추천 콘텐츠와 정보, 경험이 무엇인지 추적해 볼 수 있습니다. 이 동네에서 나에게 주어지는 콘텐츠나 정보가 어떤 기준으로 선정되는지, 여러 동네에 계정을 가지고 있다면 각 동네의 추천 알고리즘에 대해 알아볼 수 있습니다. 예를 들어 내 유튜브 홈 화면과 친구의 유튜브 홈 화면에 나오는 영상들이 나와 친구의 활동에 따라 달라지고, 검색 결과 역시 개인별로 다를 수 있음을 추천 알고리즘이라는 구조적 특성으로 이해할 수 있죠.

더불어 동네를 제공하는 기업이 어떻게 이윤을 창출하는지 알아볼 수 있습니다. 소셜 미디어는 이용료를 지불하지 않는 무료 서비스 같지만, 사실 소셜 미디어에 계정을 만들어 이용하게 되면 매 순간 개인 정보를 제공하고 맞춤형으로 제공된 광고에 노출됩니다. 소셜 미디어 플랫폼을 만든 기업을 조사해 보고, 그 기업이 소셜 미디어 플랫폼을 어떤 취지로 만들었는지 알아보거나 그 기업이 운영하는 다른 플랫폼(예를 들어 메타는 페이스북, 인스타그램, 스레드를 운영합니다)을 살펴보면서 미디어 환경에 영향을 미치는 기업들의 이윤 추구 방식에 대해 찾아볼 수도 있을 거예요. 이렇게 동네의 구조적 특징을 이해하면, 서로 같은 생각을 하는 사람끼리만 모이거나 다른 생각을 하는 사람들끼리 소통하지 못하고 갈등이 심해지는 문제가 왜 일어나는지, 그것을 피하려는 노력은 어떻게 할 수 있는지 생각해 볼 수 있습니다.

우리가 만들어 갈 동네 문화

내가 선택한 미디어 플랫폼이 어떤 경험을 제공하고 어떤 경험을 제공하지 않는지, 다시 말해 미디어 플랫폼의 행위 유도성*이 무엇인지 한 발 떨어져 살펴본 경험은 여러분이 보다 주도적으로 디지털 세상에서 살아갈 수 있게 도와줄 거예요.

여러분은 주어진 동네의 특성에 따라 소통하고 표현하

＊　'행위 유도성(affordance)'이란 어떤 구조나 형식이 우리가 특정 방식으로 행동하게끔 유도하는 것을 의미합니다. 예를 들어 교실에서 책상과 의자를 모둠형으로 배치하는 것과 선생님을 바라보는 형태로 배치하는 것에 따라 학습하고 소통하는 방식이 달라지는 것과 같습니다.

기도 하지만, 여러분만의 생각으로 동네의 구조와 문화를 조금씩 바꾸어 나가기도 합니다. 그런 변화를 반영하여 미디어 플랫폼은 기능을 추가하거나 빼 버리지요. 미디어 경험은 미디어 플랫폼(기업), 이용자, 사회적 맥락(유행, 문화 등)이 서로 영향을 미치며 유연하게 변화해 갑니다.

　그러니 여러분이 소셜 미디어에서 발생하는 문제를 보고 그에 대해 대안적으로 행동하고 실천하는 것이 소셜 미디어 공간의 새로운 문화가 될 수도 있습니다. 그런 문화가 널리 퍼지면 미디어 플랫폼 기업이 새로운 기능을 추가해 문제 해결을 도울 수도 있고요. 소셜 미디어에서 한 사람을 집단적으로 괴롭히는 문제에 대해 청소년들이 저에게 말해 준 대안이 기억납니다.

"온라인에서 어떤 사람의 행동이나 말이 문제가 되면, 여러 사람이 그 사람의 소셜 미디어 계정에 몰려가서 비난하는 모습이 좋지 않아 보여요. 나중에 알고 보니 그 사람이 잘못한 일이 아니었다고 밝혀지기도 하는데, 그렇다고 해서 그 사람을 비난했던 말들을 취소할 수는 없으니까요. 충동적으로 몰려가서 누군가를 공격하기보다, 그 일의 전말이 밝혀질 때까지 차분하게 지켜보는 태도를 가지면 좋겠어요."

"누군가에 대한 오해가 있었다면 그 오해를 풀고 사과하는 모습도 온라인에서 보였으면 좋겠어요. 비난하는 모습은 너무 눈에 잘 띄는데, 시간이 지나 잘못된 비난에 대해 사과하는 모습은 너무 조용히 이루어지거나 이루어지지 않는 것 같아요."

어떤 사건이 발생했을 때 부족한 정보만을 토대로 누군가를 지나치게 비난하기보다는 신중하게 시간을 두고 지켜보는 태도가 중요하다는 의견이었어요. 이렇게 소셜 미디어라는 동네에서 생활하는 여러분이 동네에서 발생하는 문제(온라인 괴롭힘이나 혐오 등)를 적극적으로 해결하고 대안이 될 문화나 소통 방식을 만들어 보면 어떨까요? 결국 앞으로 우리가, 그리고 다음 세대가 살아갈 디지털 세상을 만드는 건 여러분이니까요.

여러분이 이용하고 있는 소셜 미디어가 있다면 하나 떠올려 봅시다.

- 어떤 이유로 그 미디어를 쓰기 시작했나요?

- 처음 그 미디어를 쓰기 시작할 때 기대한 것은 무엇이었나요?

- 기대한 바를 이루었나요?

- 혹시 이제 더 이상 그 미디어를 사용하지 않는다면, 그 이유는 무엇인가요?

친구들을 위한 새로운 소셜 미디어를 만들어 본다면 어떤 모습일까요?

- 주요 기능, 소통과 표현 방식, 이용자로부터 수집할 개인 정보는 무엇인가요?

- 커뮤니티 가이드라인을 만들어 본다면 어떤 내용일까요?

여러분이 가장 많이 사용하는 소셜 미디어의 슬로건(미디어를 설명하는 한마디)이 무엇인지 찾아볼까요?

- 예를 들어 유튜브의 출시 초기 슬로건은 "당신을 방송하세요(Broadcast Yourself)"였습니다. 미디어의 슬로건을 통해 미디어에 대한 개발자(기업)의 의도를 읽을 수 있어요.

2부

더 짧게,

더 자극적으로

킥킥킥.
너무 재있다.

내가 진짜 이거까지만
보고 잔다.

예린아, 학교
가야지.

...

쇼트 폼, 형식에 담긴 의도와 감각

친구들과 삼행시 짓기를 해 본 적이 있나요? 단어의 세 음절을 각 행의 앞머리로 지은 삼행시에서 여러분은 무엇을 기대하나요? 삼행시라고 해서 '시(詩)'의 문학적인 완결성을 기대하는 경우는 거의 없을 거예요. 삼행시에서 우리는 만든 사람의 재치나 창의성, 순발력을 기대하고 거기에서 즐거움을 느끼기도 합니다. 이렇듯 모든 콘텐츠는 나름의 형식을 가지고 있고, 그 형식에는 의도와 감각이 있습니다.

　여러분에게 익숙할 쇼트 폼 미디어에도 기존의 영상이나 콘텐츠와 다른 형식적 특성이 있어요. 쇼트 폼(short form) 미디어는 말 그대로 짧은(short) 형식(form)의 콘텐츠로, 주로 1분 내외의 짧은 영상으로 이루어지는 미디어입니다. 쇼트 폼 관련 뉴스 기사들을 보면 주로 중독되기 쉽다는 부정적 우려나, 쇼트 폼 산업이 발전하고 있다는 산업 중심의 내용이 많지요. 이 글에서 우리는 쇼트 폼의 '형식'에 집중해 보고자 합니다. 쇼트 폼의 형식에 담긴 의도가 우리에게 불러일으키는 감각이 어떤지를 생각해 보면, 쇼트 폼을 보는 새로운 눈을 가질 수 있을 거예요.

1분짜리 영상 다섯 편 vs. 5분짜리 영상 한 편

여러분이 보는 쇼트 폼의 형식은 어떤가요? 그 형식은 쇼트 폼 내용에, 그리고 쇼트 폼을 보는 우리의 행동에 어떤 틀(특성)을 부여할까요?

첫 번째로, 쇼트 폼은 길이가 짧아요. 그래서 짧은 시간 안에 만든 사람이 의도한 바를 달성하기 위해 다양한 표현 양식을 활용합니다. 이를테면 쇼트 폼 영상에 자막, 음악, 편집 효과, 해시태그 등을 더해 의도를 전달하죠. 자막은 영상의

쇼트 폼 미디어를 대표하는 틱톡은
2022년 1인당 사용 시간에서 처음으로 유튜브를 제쳤다.

제목이나 영상 안 대사 등을 강조하는 데 활용되고, 음악은
영상의 분위기를 전달하거나 상황을 강조하기 위해 쓰입니
다. 영상에 해시태그를 붙여 정보를 전달하기도 하지요.

　이렇듯 다양한 표현 양식이 결합된 1분 내외의 영상은
우리가 인식하지 못하는 사이 많은 정보를 쏟아 놓습니다. 그
렇기 때문에 1분짜리 쇼트 폼 영상 다섯 편을 보는 것과 5분
짜리 영상 한 편을 보는 것은, 느끼는 정보의 강도와 피로도

가 다를 수밖에 없어요.

쇼트 폼은 짧은 시간 안에 보는 사람을 사로잡아야 하므로 자극적인 표현이나 놀라게 하는 편집 형식을 쓰기도 합니다. 이렇게 비유해 볼 수 있어요. 만약 여러분이 자기소개를 해야 한다고 해 봅시다. 30초의 시간이 주어졌을 때와 1분의 시간이 주어졌을 때, 여러분은 다른 형식과 내용으로 자기소개를 할 거예요. 짧은 시간이 주어질수록 사람들의 기억에 남을 핵심 내용만 전달하거나, 강렬한 표현 방식을 고민하겠죠. 쇼트 폼도 마찬가지입니다. 1분 내외의 시간에 보는 사람의 주목을 끌어야 하므로, 인상에 강하게 남을 내용이나 표현을 고르게 됩니다.

거꾸로 여러분이 다른 친구들의 자기소개를 듣는 입장이라고 생각해 볼까요? 열 명의 친구가 30초씩 자기소개를 했을 때와 한 명의 친구가 5분 동안 자기소개를 했을 때, 여러분이 친구들을 이해하는 데 어떤 차이가 있을까요? 짧은 시간 안에 강한 효과를 주는 것, 하지만 상황을 이해하거나 받아들일 충분한 여유를 주지 않는 것. 이것이 쇼트 폼 형식이 주는 독특한 감각입니다.

🔳🔳🔳 쇼트 폼의 감각과 롱 폼의 감각 🔳🔳🔳

두 번째로, 쇼트 폼은 맥락을 많이 생략합니다. 짧은 시간 안에 이야기를 전해야 하므로 맥락을 전하는 데 적합한 양식은 아니지요. 예를 들어 예능 프로그램의 일부를 쇼트 폼 형식으로 바꾸어 만들 때, 사람들이 가장 재미있어했던 장면을 선택하게 됩니다. 그 재미있는 장면이 나오기까지의 과정은 생략될 수밖에 없어요. 기승전결이 있는 이야기를 쇼트 폼으로 표현한다면, 이야기의 클라이맥스에 해당하는 '전'에 집중해서 사람들이 흥미를 품도록 할 겁니다. 긴 이야기 중 일부를 다루는 쇼트 폼 영상은 예고편과는 성격이 달라요. 예고편도 짧은 길이지만, 예고편의 의도는 보는 사람의 호기심을 자극해서 원콘텐츠를 보도록 유도하는 것입니다. 같은 영화를 토대로 만든 쇼트 폼 영상과 예고편을 비교해 보면 그 차이를 알 수 있어요.

콘텐츠를 볼 때 클라이맥스에서 사람들의 집중도와 흥미가 높아지는 이유는 그때까지 쌓아 온 이야기와 맥락 때문입니다. 쇼트 폼은 그러한 과정이나 맥락을 전달하기보다는 인상적인 하이라이트로만 이루어져서, 쇼트 폼에서 이야기를 따라가는 즐거움은 얻기 힘들어요. 쇼트 폼 속 클라이맥스만 보는 데 익숙해지면, 클라이맥스에 다다르기 위한 과정과 시간을 견디기 어려워하거나 싫어하는 성향이 생길 수도 있습니다.

쇼트 폼의 형식이 주는 감각과 의도를 이해하기 위해 활동 하나를 해 볼까요? 여러분이 평소에 즐겨 보는 애니메이션이나 드라마가 있다면 하나 떠올려 봅시다. 즐겨 읽는 책도 좋아요. 그중 한 부분을 쇼트 폼 영상으로 만든다면, 어떤 부분을 선택할까요? 그렇게 선택한 부분을 어떤 방식으로 표현해서 쇼트 폼 영상으로 만들 수 있을까요? 그 쇼트 폼 영상을 만든 의도는 무엇인가요? 직접 쇼트 폼 영상을 만들어 봐도 좋고, 상상한 영상을 그려 보면서 답해 볼 수도 있습니다. 거꾸로 해 볼 수도 있어요. 여러분이 재미있게 본 쇼트 폼 영상을 떠올리고, 그것을 롱 폼으로 바꾸어 봅시다. 10분 정도의 영상일 수도 있고, 글로 풀어서 쓸 수도 있습니다. 이렇게 롱 폼을 쇼트 폼으로, 쇼트 폼을 롱 폼으로 바꾸어 보면 쇼트 폼의 형식이 주는 감각과 의도가 무엇인지 더 쉽게 알 수 있답니다.

▫▫▪ 쇼트 폼, 화면 밖을 채워 보기 ▪▫▫

우리는 주로 모바일 기기로 쇼트 폼 영상을 보게 됩니다. 그래서 쇼트 폼 영상의 화면은 대개 세로로 긴 형식으로 맞추어져 있고, 세로형 화면 속에 효과적으로 인물이나 상황을 배치하기 위해서 주로 활용하는 형식이 있습니다. 이렇듯 한정된 공간을 활용하므로 쇼트 폼 드라마 등의 콘텐츠에서는 등장인물을 줄이고 배경을 간소화하는 방식을 사용합니다. 그래서 쇼트 폼 드라마는 전통적인 드라마보다 제작 비용도 많이 적다고 하고요. 한정된 화면 안에서 이야기를 진행시키기 위해 여러 창의적인 편집 기법이 쓰여서, 쇼트 폼 영상에 기발함이나 재미를 더하는 요소가 되기도 해요.

하지만 좁은 화면 안으로 들어오는 한정된 부분만 볼 수 있다는 점에서, 쇼트 폼 영상을 정보를 알기 위한 수단으로 활용할 때 주의할 필요가 있습니다. 쇼트 폼 영상 안에 보이지 않는 다른 맥락이 있을 수 있기 때문이에요. 쇼트 폼 영상 속 내용과 자막이 일치하지 않을 때도 있고요. 2022년 러시아-우크라이나 전쟁이 발발했을 때 쇼트 폼 영상 공유 플랫폼을 통해 허위 정보가 퍼져서 문제가 된 사례도 있습니다.

틱톡에 우크라이나 침공 영상이라며 군용기의 비행 영상이 공유되었는데, 알고 보니 해당 영상은 2020년 진행된 러시아군의 퍼레이드 영상이었습니다. 또 어느 아파트 주변에서 우크라이나군과 러시아군이 치열하게 전투를 벌이는 모습의 영상이 높은 조회 수를 기록했는데, 이 영상은 2014년 러시아 체첸의 그로즈니에서 일어난 무장 집단의 공격 모습이었고요. 이처럼 러시아-우크라이나 전쟁과 관련이 없는 예전 영상들이 현재 생생하게 벌어지는 전쟁 장면인 것처럼 게시되어 사람들의 주목을 끌고, 그 결과 허위 정보가 확산하는 문제가 발생했습니다.

한편 쇼트 폼 영상 공유 플랫폼에서 유행하는 위험한 챌린지를 따라 하다가 목숨을 잃는 사고도 발생했습니다. 2021년 미국 필라델피아에서 열 살 소녀 나일라 앤더슨이 쇼트 폼 영상 플랫폼에서 유행한, 스스로 기절할 때까지 목을 조르는 '기절 챌린지' 때문에 목숨을 잃었습니다. 나일라의 부모는 해당 플랫폼의 알고리즘 때문에 딸이 영상을 접하게 되었다며 플랫폼 기업을 상대로 소송을 제기했어요. 우리는 위험한 챌린지에 성공한 영상을 보지만, 성공한 모습 밖의 상황은 알지 못합니다.

쇼트 폼 영상은 화면 밖의 상황과 맥락에 대한 정보, 편집 전의 실제 모습들을 생략해 버리는 형식적 특징이 있습니다. 쇼트 폼 영상을 볼 때, 특히 정보성 쇼트 폼 영상을 볼 때는 눈에 보이는 것이 전부가 아님을 기억해야 합니다.

과자를 즐기듯 가볍게, 끝없이 즐기게 되는 쇼트 폼

쇼트 폼 미디어는 '스낵 컬처'에 특화된 형식이라는 생각이 들어요. 2010년대 중반 스낵 컬처라는 표현이 등장했습니다. 많은 사람이 스마트폰을 가지게 되면서, 이동 시간처럼 중간중간 비는 짧은 시간에 가벼운 볼거리를 즐길 수 있게 되었지요. 스낵 컬처는 시간과 장소에 구애받지 않고 웹툰이나 유튜브 영상 등을 마치 과자를 먹듯 즐겨 보는 현상을 두고 만들어진 용어입니다. 짧은 시간을 활용하여 가벼운 볼거리를 즐기는 스낵 컬처의 모습은 쇼트 폼 미디어 소비 방식과 잘 맞아떨어집니다.

여러분은 쇼트 폼을 어떤 방식으로 보나요? 쇼트 폼을 좋아하는 이유로 흥미를 끄는 영상을 만날 때까지 빠르게 여러 영상을 넘겨 볼 수 있는 소비 방식을 꼽기도 합니다. 재미있는 콘텐츠를 찾기 위해 긴 영상을 꾹 참고 보거나 긴 글을 끝까지 읽는 것이 아니라, 당장 나의 흥미를 사로잡는 영상이 나올 때까지 넘기는 것이지요. 짧은 시간 안에 내가 볼 영상을 적극적으로 선택할 수 있다는 것은 쇼트 폼 형식이 주는 매력이기도 합니다.

하지만 우리가 보는 쇼트 폼 플랫폼의 구조에 대해 생각해 볼 필요가 있어요. 우리에게 무한으로 주어지는 영상의 선택 기준은 각 플랫폼의 추천 알고리즘에 따라 다릅니다. 계속 쏟아지는 영상들 사이에 광고도 섞여 있지요. 이때 어떤 광고를 어떻게 보여 주는지는 플랫폼이 여러분에게서 수집한 개인 정보와 관련이 있습니다.

우리의 입맛에 맞춤한 미디어 플랫폼의 추천 알고리즘과 빠르게 훑어볼 수 있는 쇼트 폼의 특성, 그리고 화면 넘기기를 마치 책장 넘기듯 자연스럽게 할 수 있게 하는 기능(스와이프 기능)이 결합하면, 우리의 의도와 달리 긴 시간 쇼트 폼에 빠져들게 됩니다. 다른 영상들도 그래야겠지만, 특히 쇼트 폼 영상은 영상을 보는 의도나 목적이 무엇인지 생각하면서 보는 것이 좋아요. 만약 잠시 재미있는 영상을 보면서 시간을 보내려는 의도라면, 시간이나 영상 수를 정확히 정해 놓고 보는 것을 추천합니다. '더 재미있는 영상이 나올 것 같은데 그때까지 하나만 더, 하나만 더.' 하면서 영상을 넘기다 보면 나도 모르게 시간이 훌쩍 지나게 되니까요.

만약 쇼트 폼 영상 보는 것이 너무 좋아서 시간을 정해 놓기 어렵다면, 내가 본 쇼트 폼 영상을 다시 떠올려 보기를 추천합니다. 쇼트 폼 영상을 보던 창을 닫고 나서 무엇이 기억에 남는지 떠올려 보는 습관을 들여 봐요. 만약 기억에 남는 것이 없다면, 쇼트 폼 영상을 습관적으로 봤다는 뜻이에요. 조금 허망하기도 하지요. 쇼트 폼 영상이 주는 즐거움을 다른 미디어를 통해서 얻을 수 있을지 생각해 봐도 좋겠습니다.

함께 생각해 봅시다

쇼트 폼 영상과 롱 폼 영상을 하나씩 본 뒤 아래 질문에 답해 보아요.

- 영상을 보고 어떤 것이 기억에 남았나요?

- 어떤 느낌이 들었나요?

- 영상이 무슨 이야기를 하고 있었나요?

- 누가 만들었나요?

비슷한 내용의 쇼트 폼 미디어와 롱 폼 미디어(영상, 책 등)를 찾아봅시다.

- 각각의 장점과 단점을 생각해 보아요.

- 둘을 같이 보면 어떤 효과가 있을까요?

어딘가에서 나에게 온 정보

디지털 세상에서는 수많은 정보가 우리를 스쳐 갑니다. 소셜 미디어나 온라인 커뮤니티에서 본 소문을 주변에 떠들고 다녔는데, 나중에 가짜 뉴스라는 걸 알고 얼굴을 붉힌 경험이 있나요? 또는 유튜버가 요즘 청소년들이 하나씩 다 가지고 있는 물건이라고 소개하는 걸 보고 사고 싶은 마음이 든 적이 있나요?

잘 뜯어보아야 하는 정보 가려내기

디지털 환경에서 우리는 매일 셀 수 없이 많은 정보를 접하게 됩니다. 여러분이 의도적으로 찾아본 정보도 있을 것이고, 의도하지 않았는데 소셜 미디어 피드나 잠시 들어가 본 유튜브를 통해 쉴 새 없이 정보가 쏟아져 들어오기도 하지요. 정보 접근의 장벽이 낮아진 것은 분명 디지털 세상의 강점입니다. 하지만 이용자가 정보 분별의 책임을 져야 한다는 부담도 있어요. 정보를 걸러 내는 사람이 없는 디지털 환경에서는 이용자가 정보를 적극적으로 확인하는 역할을 해야 합니다. 여러분도 '가짜 뉴스 구분을 위한 체크리스트' 같은 정보 분별을 위한 체크리스트나 팁을 들어 봤을 거예요. 예를 들어 '출처를 확인하세요, 최신 정보인지 알아보세요, 제목과 내용이 일치하는지 살펴보세요, 다른 정보원과 교차 검증해 보세요.' 같은 팁들 말이에요.

그런데 정보 분별 기준을 여러분이 접하는 모든 정보에 적용하기는 쉽지 않을 수 있어요. 정보를 분별하는 과정이 어렵기 때문이 아니라 정보량이 너무 많기 때문입니다. '이 많은 정보를 어떻게 다 뜯어보겠어, 잘못된 정보면 누군가가 댓글로 말해 줬겠지.' 하며 정보 분별의 책임을 미뤄 버리게 될 수도 있어요. 나아가 디지털 공간에 믿을 수 있는 정보는 하나도 없다는 냉소주의에 빠질 위험도 있습니다. 하지만 디지털 세상을 살아가는 데 정보를 주도적으로 판단하고 믿을 만한 정보를 가려내는 능력은 꼭 필요해요.

이렇게 시작해 보면 어떨까요? 먼저 여러분이 접하는 많은 정보 중에서 잘 뜯어보아야 할 정보가 무엇인지 구별해 보는 것입니다. 그냥 흘려보내도 되는 가십성 정보가 있는가 하면, 사회를 보는 관점을 결정하거나 어떤 행동을 하는 데 영향을 미치는 정보가 있습니다. 많은 정보를 같은 무게로 다루기보다, 무게감 있게 다루어야 할 정보를 구분하는 습관을 들여 보세요. 다양한 용도의 정보 중에서 내가 꼭 다시 한번 검증해 보아야 하는 정보는 무엇인지, 어떤 정보를 볼 때 적극적으로 분별 렌즈를 들이밀어야 하는지 나만의 기준을 정하고 적용하는 것으로 시작해 보기를 추천합니다.

▫▫▫ "누가 그래?" ▫▫▫

최근에 친구와 수다를 떨다가 제 소셜 미디어 피드에서 본 정보를 말해 준 적이 있어요. "올겨울은 최근 몇 년 사이 가장

추운 겨울일 거래!"라고요. 그때 친구가 "누가 그래?"라고 묻는 말에 '어? 누가 그랬더라?'라고 생각했습니다. 친구는 단순히 정보 출처가 궁금했을 수도 있고, 아니면 자신이 알던 정보와 다른 내용이어서 반문한 것일 수도 있어요. 친구의 의도와 무관하게, 제가 정보를 받아들일 때 정보를 만든 주체를 정확하게 인지하거나 판별하지 않고, 정보 내용만 확인했음을 깨닫게 되었습니다. 그 이후 저는 중요하게 기억해야 할 정보라고 생각이 들면 항상 이렇게 물어봐요. "그런데 누가 그랬지?"

내가 접한 정보는 언론사의 뉴스 기사일 수도 있고, 유튜버가 한 말일 수도 있어요. 아니면 단체 메시지 방에서 아는 친구가 전한 정보일 수도 있지요. 중요하게 판별해 볼 가치가 있는 정보라고 판단이 된다면, 먼저 "누가 그래?"라고 질문을 던져 보세요. 이 질문에서 출발해 정보를 처음 만든 사람이나 기관을 확인해 보는 것이죠. 이를테면 그 정보가 뉴스의 형식을 띠고 있지만, 우리가 잘 모르는 언론사가 발행한 뉴스 기사일 수도 있어요. 이때 그 언론사가 어디인지, 믿을 수 있는 곳인지 살펴볼 수 있죠. 친구가 단체 메시지 방에 전달한 정보라면, 무조건 동조하거나 반응을 보이기 전에 어디에서 알게 된 정보를 전달하는 것인지, 제 친구가 했던 것처럼 '누가 그래?'라고 속으로 질문을 던져 보는 것도 좋습니다.

그리고 정보 내용을 읽으며 '누가 그래?'라고 한 번 더 물어볼 수 있습니다. 한 정보 안에는 다른 출처의 정보들이 포함된 경우가 많아요. 이를테면 어떤 전문가의 말을 인용했다면 그 전문가는 누구인지, 통계치를 인용했다면 어디에서 언제 발표한 통계인지 등을 살펴보면서 정보를 여러 각도로 판별해 볼 수 있습니다.

◻◼◻ 정보 속에 담긴 '관점'을 찾아본다면 ◻◼◻

특히 사회적 이슈와 관련된 뉴스 기사나 정보를 본다면, 이 질문도 꼭 기억하기를 추천합니다. "누구의 목소리가 들리고, 누구의 목소리가 들리지 않지?" 뉴스에 담긴 '관점'을 찾아보는 질문입니다. 뉴스 기사는 분량과 기간에 한계가 있는 정보입니다. 시의성을 놓치지 않아야 하고, 대개 주어진 분량 안에서 정보를 전달해야 합니다. 그렇기 때문에 뉴스 기사를 통해 정보를 전달할 때 기자와 언론사의 판단에 따라 취사 선택이 이루어집니다.

여러분이 학교 급식에 대해 취재해서 보도한다고 해 봅시다. 학교 급식에 대해 조사하고 이를 4분가량의 영상으로 만든다고 하면, 어떤 주제의 내용을 어떻게 다룰지, 누구를 인터뷰할지, 인터뷰 내용 중 무엇을 얼마나 담을지 등 여러 선택을 통해 결과물을 만들게 될 거예요.

우리가 접하는 뉴스도 마찬가지입니다. 그래서 사회적 이슈에 대한 뉴스들을 볼 때도 이 뉴스를 만든 기자와 언론사의 관점은 무엇인지, 어떤 목소리가 잘 안 들리고 있는지, 들리지 않는 목소리는 어디에서 찾아볼 수 있을지(다른 언론사의 뉴스에서 볼 수도 있고, 책 같은 다른 정보원에서 찾아볼 수도 있습니다)를 생각해 봐야 해요. 사회적 이슈에 대해 나의 입장을 결정하기 전에 적어도 2~3개의 서로 다른 목소리가 드러난 뉴스 기사나 정보를 찾아보고 비교해 보는 것을 추천합니다.

이 정보는 누구를 겨냥해서, 왜 만들어졌을까

뉴스 기사나 정보가 믿을 만한지 판단하는 근거를 물어봤을 때 댓글 내용과 비교해 본다고 이야기한 청소년도 있습니다. 헤드라인을 보고 흥미가 가면 내용을 빠르게 훑어본 다음 바로 댓글로 가서 사람들이 하는 이야기를 보고 정보를 받아들인다고 하더라고요. 댓글을 살펴보는 이유를 물어보니, 주제에 대해 전문적으로 이야기하는 댓글들이 있어서 참조하기도 하고, 기사나 정보에 나온 내용을 뒷받침하거나 잘못된 부분을 지적하는 내용이 있어서 댓글을 읽고 정보를 어떻게 받아들일지 결정한다고 말해 주었어요. 여러분은 어떤가요?

댓글은 정보에서 다루는 주제나 내용에 대한 다른 사람들의 반응이나 반박 의견, 찬성 의견 등을 들을 수 있는 통로입니다. 동시에, 정보에 주로 반응을 보이는 사람들이 누구인지를 파악하는 실마리가 되기도 해요. 정보의 주요 대상이 누구인지를 생각해 볼 수 있는 단서인 것이지요. 이를테면 네이버 포털의 경우 뉴스 기사 댓글을 쓴 사람들의 성별이나 나이대에 대한 정보를 줍니다. 댓글을 남긴 이들의 다른 댓글을 찾아볼 수 있는 플랫폼도 있지요. 이를 통해 우리는 댓글을 다는 사람들이 주로 어떤 뉴스나 정보에 의견을 남기는지를 알 수 있어요. 동시에 해당 언론사의 이야기를 주로 듣는 사람들이 누구인지, 뒤집어 말하면 정보 생산자가 주요 대상으로 삼고 있는 사람이 누구인지도 알 수 있습니다.

정보의 주요 대상을 이해하는 것은 정보가 다루는 주제와 관점 등을 읽어 내는 데 도움을 줍니다. 예를 들어 주로 청소년 구독자가 많은 유튜버와 직장인 구독자가 많은 유튜버가 동시에 청소년의 화장이나 꾸밈에 대한 영상을 만들어서 올린다고 한다면, 그 내용이나 접근 방식이 서로 다를 수밖에 없지 않을까요?

또 정보의 생산 의도가 무엇인지에 따라 주제에 접근하는 방식이 달라집니다. 앞서 예로 든 청소년의 화장이나 꾸밈을 주제로 한 영상이 있을 때, 그 영상이 청소년 대상 광고성 정보일 수도 있고, 외국인 유튜버가 여러 나라의 미의식에 대해 소개하는 정보일 수도 있어요. 이렇듯 목적에 따라 다루는 내용과 주제, 주장하는 바가 달라질 겁니다.

내가 보게 된 정보가 누구를 대상으로 만들어졌고, 어떤 의도로 만들어진 것인지를 찾아보다 보면, 정보를 보는 눈을 키울 수 있습니다. 예를 들어 기후 문제에 대한 정보를 접했을 때도 그 정보를 만든 사람이 기후 문제에 대해 어떤 입장을 취하는지, 기후 문제와 어떤 이해관계가 있는지 따져 보면서 정보를 판별할 수 있어요. 예를 들어 기후 변화 협약 때문에 경제적 손해를 볼 수 있는 사람이 기후 문제에 대한 정보를 이야기한다면, 기후 문제의 심각성에 반대하거나 기후 문제 정책에 맞서려는 의도로 정보를 취사선택하고 구성할 수 있습니다.

정보가 만든 사람의 관점을 반영하고 있으며 그 관점에 따라 선택된 내용들을 전달하고 있음을 알면, 정보를 만든 사람이 우리에게 어떤 의미를 전달하고자 하는지 이해할 수 있어요. 그리고 이러한 이해를 토대로 나의 생각을 만들어 갈 수 있습니다.

이 정보는 어디에서 어떻게 나에게 왔나?

정보에 대해서 판단을 할 때 마지막으로 생각해 볼 질문은 "이 정보는 어떻게 나한테 오게 됐지?"입니다. 여러분이 오늘 본 많은 정보 중에서 기억에 남는 것 세 개만 떠올려 보겠어요? 세 개의 정보를 접하게 된 경로를 떠올려 보세요. 궁금해서 찾아본 뉴스 기사에서 본 정보일 수도 있고, 친구들이 있는 단체 메시지 방에 누군가가 올린 정보일 수도 있습니다. 유튜브에 추천 영상으로 떠서 보게 된 정보일 수도 있고요. 정보를 접하게 된 경로로 구분해 보면, 첫째 내가 의도적으로 찾아본 정보, 둘째 내가 아는 사람이 공유한 정보, 셋째 추천 알고리즘을 통해 나에게 온 정보가 있습니다.

이 중에서 추천 알고리즘을 통해 정보를 접하게 될 때 생각해 볼 점이 있습니다. 추천 알고리즘은 각각의 미디어 플랫폼에서 서로 다르게 작동합니다. 내가 평소에 관심을 두고 검색했던 주제의 정보를 추천해 주기도 하고, 나와 친구로 연결된 사람들이 좋아하는 정보를 주기도 하지요. 어떤 경우에는 내가 구독하는 크리에이터와 비슷한 크리에이터가 만든 정보를 보여 주기도 합니다. 때로는 '이 정보를 왜 나한테 추천했지?'라고 의문이 드는 정보를 주기도 해요.

추천 알고리즘은 대개 미디어 플랫폼에 이용자들을 오랫동안 잡아 놓기 위한 목적을 가지고 있습니다. 이용자들이 관심을 두고 시간을 쓸 내용들을 계속 제공하는 것이지요. 그렇다 보니 이용자의 생각을 한쪽으로 너무 쏠리게 할 위험이 있습니다. 이를 '토끼굴 효과'라고 불러요. 소셜 미디어의 특정 알고리즘으로 인해 이용자가 자기도 모르게 더욱 자극적인 콘텐츠를 계속해서 보거나, 더 극단적인 정보를 찾아가게 되는 상태를 설명하는 말입니다. 나에게 추천되는 정보나 내가 추천 알고리즘을 따라 클릭하는 정보들이 점점 자극적인 내용이나 편향적인 내용으로 보인다는 판단이 들면, 추천 알고리즘을 벗어나 잠시 멈추는 것이 필요합니다.

내가 아는 친구, 혹은 내가 좋아하는 인플루언서나 크리에이터가 전달한 정보일 때도 생각해 볼 것이 있어요. 우리는 우리가 잘 알고 믿는 사람이 하는 이야기를 모르는 사람이 하는 이야기보다 더 쉽게 믿습니다. 어찌 보면 너무 당연한 일일 수 있어요. 하지만 내가 좋아하는 인플루언서나 내가 아는 친구가 전한 정보라서 무조건 믿거나 동의하기보다는, 앞서 이야기한 판별의 과정을 거치는 것이 필요합니다. 같은 맥락에서 내가 친구에게 정보를 전달할 때도 신중하게 한 번 더 살펴보고 전달하는 게 좋겠지요.

끝으로, 우리가 접하는 정보 중에는 '정보에 대한 정보'도 많습니다. 이슈를 정리해 주는 소셜 미디어 인플루언서나 유튜버의 사례처럼요. 어떤 사안이 있을 때 사건의 전말을 구체적으로 찾아보기 어려울 수 있어요. 그렇기 때문에 사회적 이슈에 대한 정보를 찾아서 정리하고 해설해 주는 크리에이터도 많고, 그들을 통해 정보를 접하기도 합니다. 이때도 이슈에 대해 어떤 판단을 내리기 전에 스스로 정보를 찾아보고 평가해 나만의 관점을 만드는 것이 좋습니다.

이렇듯 매일같이 접하는 수많은 정보 중에서 중요하게 살펴야 하는 정보를 구분하고 그 정보를 다각도로 읽는 습관을 들이면, 나중에는 매우 자연스럽게 일상적으로 정보를 자신만의 시각으로 읽어 낼 수 있을 거예요.

함께 생각해 봅시다

내가 믿는 정보는 어떤 특징이 있는지 살펴봅시다.

- 정보의 형식, 정보를 만든 사람, 정보에 달린 댓글의 내용이나 분위기 등을 살펴보아요.

내가 즐겨 보고 정보를 많이 얻는 채널(유튜버, 인플루언서)이 있다면 그 채널의 특징을 한번 분석해 보아요.

- 유튜버나 인플루언서의 주 관심사, 전문성, 관점, 구독자층은 어떠한가요?
- 유튜버나 인플루언서가 제공하는 정보가 신뢰성이 있다고 판단한다면, 그 이유는 무엇인가요?

내가 정보를 만들어서 전달한 경험이 있다면, 그때 가장 우선시했던 것은 무엇인가요?

- 정보 생산과 공유의 목표를 생각해 보아요.

나와 다른 의견을 가진 친구(온라인 친구 포함)와 소통한 경험을 떠올려 보아요.

- 누구 말이 맞는지 시시비비를 가리기 위한 소통이 아닌, 서로의 입장을 이해하기 위한 소통 방식에 대해 생각해 봅시다.

밈의 세계

여러분에게 밈은 어떤 의미인가요? 밈이라는 말을 처음 들어 본 분도 있을 거고, 매일같이 새로운 밈을 찾아다니는 분도 있을 거예요. 오늘 나의 하루를 일련의 밈으로 표현할 수 있을 정도로 디지털 공간에는 밈이 끝없이 등장하고, 언제 그랬냐는 듯 사라지기도 합니다. 밈은 짧고 빠르게, 그러나 많은 의미를 전달하는 표현 양식이자 소통 방식입니다. 디지털 세상에서 힘을 얻은 표현 양식이기도 하고요. 밈이랑 유행어가 같은 말 아니냐고 물어볼 수도 있지만, 밈은 유행어와는 그 특징과 의미가 조금 달라요.

▫▫▫ 사람들을 연결하는 문화의 조각, 밈 ▫▫▫

밈이라는 말을 처음 쓴 사람은 리처드 도킨스(Richard Dawkins)라는 생물학자입니다. 리처드 도킨스는 1976년 발표한 『이기적 유전자』라는 책에서 유전자처럼 문화도 사람들 사이에 확산하고 이어진다고 설명했어요. 도킨스는 사람들 사이에 공유되는 문화의 조각을 '밈(meme)'이라고 이름 붙였습니다. '흉내 낸 것'을 뜻하는 그리스어 '미메마(mīmēma)'와 '유전자'를 뜻하는 영어 '진(gene)'을 합친 단어죠. 도킨스는 음악, 말, 관습이나 행동 등 문화를 이루는 어떤 요소도 밈이 될 수 있다고 설명했어요. 훗날 도킨스는 밈이라는 개념을 처음 제안한 시기는 인터넷이 일상화되기 전이었음을 언급하며, 지금처럼 밈이 활성화되고 사람들에게 많이 쓰이는 말이 될 것이라 예상하지 못했다고 말했습니다.

밈이라는 용어가 처음 만들어진 것은 1976년이지만 사람들이 밈이라는 말을 보편적으로 사용한 것은 2000년대 들어 누구나 콘텐츠를 만들고 공유할 수 있는 기술과 환경이 조성된 후입니다. 디지털 기술은 쉽게 이미지나 영상을 편집하고 공유할 수 있게 했고, 다른 사람이 만든 콘텐츠(이미지,

음악 등)를 새롭게 편집하여 의미를 부여할 수 있게 했습니다. 밈이 만들어지고 확산하기 딱 좋은 환경이지요.

예를 들어 2024년에 크게 유행한 '럭키비키' 밈이 있어요. 이 밈은 어려움이 있어도 긍정적으로 사고하는 태도를 표현하는 데 쓰입니다. 아이돌 그룹 '아이브'의 멤버 장원영이 팬들에게 전한 일화에서 유래한 표현인데요, 행운을 뜻하는 '럭키'와 자신의 영어 이름인 '비키'를 합친 표현입니다.

장원영이 콘서트를 위해 해외에 갔을 때, 유명 빵집에서 오래 줄을 서다 자신의 바로 앞에서 빵이 다 떨어졌다고 합니다. 이때 속상해하기보다 '조금 더 기다려 갓 나온 빵을 먹을 수 있게 되었으니 럭키한 비키잖아.'라고 생각했다고 해요. 이렇듯 사고방식을 전환해 상황을 긍정적으로 보는 태도를 상징하는 '럭키비키'가 팬들을 통해 확산해 일반 대중까지 쓰는 밈이 되었어요. 럭키와 비키가 운율을 이루어 입에 쉽게 붙기도 하고, 긍정적인 사고방식과 좌절하지 않는 태도를 가져 보자는 응원의 의미를 지니기도 하여 빠른 속도로 많은 사람에게 퍼지게 되었습니다.

▫▫▫ 밈의 매력 ▫▫▫

앞서 다룬 쇼트 폼과 밈에는 재미있는 공통점이 있습니다. 짧고 빠르게 의미를 전달한다는 것이지요. 한 장의 이미지, 한 마디 말, 짧은 영상으로 이루어진 밈은 간결한 형식에 많은 의미가 담겨 있습니다.

여러분이 알고 있는 밈을 한번 떠올려 보세요. 어떤 표현, 동작, 이미지 등 표면적으로 드러난 내용이 있지요. 그리고 겉으로 드러난 내용 외에도 숨겨진 의미가 있습니다. 앞서 예로 든 '럭키비키' 밈을 처음 들어 본 사람이라면, '비키라는 운이 좋은 사람이 있나 보다.'라고 겉으로 드러난 의미만 읽을 거예요. 하지만 '럭키비키'를 밈으로 사용하고 공유하는 사람들은 운 좋은 비키라는 표면적 의미 속에 '어려움이 있어도 긍정적인 점을 찾아보는 태도'라는 숨은 의미가 있음을 알고 있습니다.

이렇듯 밈의 재미는 그것을 둘러싼 맥락에서 옵니다. 짧은 콘텐츠로 많은 정보를 전달하며 효율적으로 소통하고 재미를 느낄 수 있다는 점이 밈의 매력이에요.

한편 밈은 기존 콘텐츠를 변형하거나 재창조하여 기존

콘텐츠를 아는 사람들에게 친밀감을 주기도 합니다. 예를 들어 과거 MBC에서 방영한「무한도전」장면들을 토대로 만들어진 밈들이 있어요.「무한도전」멤버의 놀란 얼굴을 클로즈업한 장면에 '형이 왜 거기서 나와'라는 자막이 쓰인 이미지 캡처 파일은 누군가의 갑작스러운 등장에 대한 밈으로 쓰이기도 하고, 누가 봐도 지친 인물의 모습에 'Q: 지금 지쳤나요? A: 아니요'라는 자막이 적힌 이미지는 안부를 확인하는 장난스러운 밈으로 쓰이기도 합니다.

이처럼 기존 콘텐츠의 내용을 비틀어 지금 우리가 경험하고 있는 상황을 효과적으로 설명하는 밈으로 만들기도 합니다. 이 경우 원전의 의미와 달라진 새로운 의미를 비교하는 재미를 주지요. 무엇보다 밈은 함께 '참여'하여 만들어 가는 매력이 있습니다.

함께 만들어 가는 밈, 우리끼리 공유하는 언어

밈은 사람들이 '참여'해야만 지위를 얻는다는 특징이 있어요. 소수의 사람이 "이건 밈이야."라고 한다고 해서 밈이 되진 않습니다. 많은 사람이 듣고 따라 하며 사용하는 표현(말, 이미지, 행동, 영상 등)이 되었을 때 밈이 됩니다.

이렇게 밈은 사회 구성원들이 공유하는 문화 자원이 됩니다. 밈은 그것이 만들어진 맥락과 상황을 알고 있어야 그 의미를 이해할 수 있는 경우가 많아요. 밈 자체만 보고는 그 의미를 분명하게 알기 어렵죠. 맥락을 공유하는 사람들에게만 통하는 표현입니다. 그래서 밈을 쓴다는 것은 내가 이 문화적 공동체에 속해 있음을 나타내는 징표가 되기도 해요. 예를 들어 우리나라 사람들이 즐겨 쓰는 밈을 다른 나라 사람들이 보았을 때, 한국어를 할 줄 아는 사람이더라도 그 의미를 파악하기 어려울 수 있어요. 우리도 다른 문화권 사람들이 사용하는 밈을 볼 때, 정확한 의도와 숨은 의미를 알아차리기 쉽지 않습니다.

우리가 밈을 즐기는 이유 중 하나로 공동체에 속해 있다는 소속감을 꼽을 수 있어요. 우리는 밈을 사용해 소통하면서 서로 암호를 나누는 것처럼 어떤 공동체에 속해 있음을 느끼기도 합니다. 밈의 유행을 놓치면 왠지 모르게 소외되는 느낌이 드는 것도 이런 이유 때문이에요.

▫▫▫ 밈에 숨겨진 의미 ▫▫▫

영어권에서 시작되어 세계적으로 퍼진 '페페 더 프로그(Pepe the Frog)'라는 밈이 있습니다. 툭 튀어나온 큰 눈과 얇고 붉은 입술이 눈에 띄는, 개구리 같기도 하고 사람 같기도 한 얼굴의 캐릭터를 기반으로 한 밈이에요. 페페 더 프로그는 미국의 만화가 맷 퓨리(Matt Furie)가 2005년에 발표한 만화 「보이스 클럽(Boy's Club)」에 등장하는 캐릭터입니다. 만화 속에서 일탈적 행동을 하는 캐릭터인 페페는 인터넷에서 화제가 되면서 인종 차별주의자 페페, 동성애 혐오자 페페처럼 혐오 메시지를 확산시키는 밈으로 자리 잡아 버렸어요. 결국 페페는 2016년 미국 비영리기관인 반명예훼손연맹(Anti-Defamation League)이 지정한 혐오 상징이 되었습니다.

이는 원작자인 퓨리가 페페라는 캐릭터를 만들 때 전혀 예상하지 못했던 일이었어요. 퓨리는 이를 바로잡기 위한 노력을 했습니다. 긍정적 이미지의 페페를 그려 알리려고 했고,

2019년 홍콩 경찰의 강경 진압을 반대하는 시위대가 페페가 그려진 팻말을 들고 있다.
이렇듯 페페는 문화권에 따라 다른 의미로 쓰인다.

만화 속에서 페페 캐릭터가 죽는 것으로 처리해서 존재감을 없애려고도 시도했습니다. 그러나 밈이 된 페페는 계속 인터넷에 남아 전 세계로 퍼지게 되었어요. 페페 밈이 등장한 후 시간이 많이 지났고, 밈이 시작된 문화권이 아닌 다른 문화권에서는 혐오적 의미를 포함하지 않은 밈으로 활용되기도 합니다. 하지만 페페 밈의 사례는 원콘텐츠의 의미를 벗어나 버린 밈, 나아가 원작자가 지속적으로 혐오의 상징으로 쓰이는 데 반대한다고 말함에도 원작자의 의도와 다른 방향으로 생명력을 얻어 버린 밈에 대해 고민해 보게 합니다.

거꾸로, 밈이 된 원콘텐츠가 알고 보니 혐오성 내용을 담고 있거나 성인을 대상으로 한 콘텐츠일 때가 있습니다. 이때 밈의 표면적인 내용이 혐오의 의미를 담고 있지 않더라도, 이러한 밈을 이용해서 소통해도 되는가에 대한 판단이 필요합니다. 결국 밈을 밈이 되게 하는 것은 그것을 적극적으로 활용하여 소통하는 사람들의 존재입니다. 그러므로 만약 어떤 밈이 올바르지 못한(혹은 청소년에게 적절하지 않은) 콘텐츠로부터 나온 것이라면, 그 밈이 확산하는 데 힘을 보태는 역할을 해도 괜찮을지 한 번 더 생각해 보아야 합니다.

밈은 누가 만드는 걸까?

'페페 더 프로그' 사례에서 본 것처럼, 어떤 캐릭터가 원작자의 의도와 전혀 다른 의미의 밈이 되어 전 세계로 퍼져 나가기도 합니다. '럭키비키'처럼 원작자가 밈이 될 것이라 전혀 예상하지 못한 내용이 밈이 되어 새로운 생명력을 얻기도 하지요. 무엇이 밈이 될지, 누가 밈을 만드는 것인지는 확실치 않아요. 다만 밈이 되기 위해서는 사람들의 필요, 시대의 상황, 재미 같은 요소가 절묘하게 결합이 되어야 하는 것 같습니다. 밈은 누가 만드는 걸까요? 밈의 저작권은 누구에게 있을까요? 원저작자에게 있을까요, 밈이 시작된 게시물을 만든 사람에게 있을까요? 밈을 퍼뜨린 우리에게도 밈에 대한 책임과 권리가 있는 것일까요?

흥미로운 사례가 하나 있어요. 2024년 '꽁냥이 챌린지'가 밈이 된 적이 있습니다. 이 밈은 2021년 한 뉴스 기사에서 한파를 묘사하며 '꽁꽁 얼어붙은 한강 위로 고양이가 걸어 다닙니다.'라는 멘트를 썼고, 개인 크리에이터가 해당 멘트가 나오는 뉴스 클립에 음악을 입혀서 만든 리믹스 음원에 안무가 붙게 되면서 퍼진 것입니다.

그렇다면 이 밈의 저작권은 누구에게 있을까요? 밈은 모두가 참여하여 만드는 소통의 도구이자 표현이라, 앞서 언급한 세 창작 주체(뉴스 방송국, 리믹스 음원 제작자, 안무 제작자) 누구도 저작권을 주장하지 않았습니다. 그런데 누군가 이 밈을 활용해 틱톡과 유튜브에 「A Han River Cat」이라는 음원을 등록하며 저작권을 주장했다가, 이 사실이 알려진 후 음원 등록을 철회한 사례가 있어요. 디지털 환경에서 패러디와 다수의 참여로 만들어지는 콘텐츠에 대한 권리와 책임은 누구에게 있는지를 다시금 고민하게 했던 사례입니다.

사회의 거울이자 사회에 영향을 미치는 밈

강한 확산력을 지닌 밈은 때로는 사회 현상으로 공유되기도 합니다. 온라인에서만 사용되는 것으로 그치지 않고, 사회 전반에서 활용되는 밈이 있습니다. 그 당시의 사회 분위기나 시대적 맥락이 작용하여 밈의 설득력을 키우기도 하지요. 예를 들면 2024년 '럭키비키' 밈이 유행한 배경에는 불경기의 어려움을 극복해 나가고자 하는 사람들의 열망이 있습니다.

밈은 사회의 분위기를 반영하는 동시에, 거꾸로 사회 구성원들의 심리나 행동에 영향을 미치기도 합니다. 앞서 예로 든 럭키비키 밈은 오늘날을 살아가는 사람들에게 긍정적인 태도를 가지도록 장려하는 역할을 하기도 해요.

아마 대부분의 청소년들은 밈에 심각한 의미를 부여하기보다, 따라 하고 변형하면서 느끼는 재미 때문에 밈을 사용할 겁니다. 하지만 개인들의 밈 사용이 모여서 사회적 역할을 하기도 합니다. 사회적으로 영향력이 큰 밈은 그것을 공유하는 집단의 행동이나 사고에 영향을 줄 수 있어요. 우리가 혐오적인 요소가 있는 밈을 조심해야 하는 이유입니다.

내가 쓰고 있는 밈, 어디에서 왔을까요?

● 최근 내가 혹은 친구가 즐겨 쓰는 밈이 있다면, 그 밈의 원콘텐츠가 어떤 것인지 찾아봅시다.

● 원콘텐츠를 찾아보고 밈에 대한 생각이 달라졌나요? 밈의 의미를 더 잘 이해하게 되었나요?

● 밈의 근원을 알아보는 것이 왜 중요할까요?

밈을 사용할 때 윤리적인 고려를 해야 한다고 생각하나요?

● 밈이 소외하는 사람은 없는지, 혹시 혐오적인 의미나 부정적인 의미를 담고 있지 않은지 생각해 봅시다.

밈은 누가 만들까요?

● 나는 밈을 만드는 데 참여하나요?

● 나는 밈을 만드는 창작의 주체가 될 수 있을까요?

어떤 밈이 오래갈까요?

● 오래가는 밈의 매력은 무엇일까요?

● 10년 후 청소년에게 '내가 청소년 때 썼던 밈이야.'라고 소개해 주고 싶은 밈이 있나요?

3부

디지털 세상에서
만나는 것들

형, 뭐 봐?

갓아웃.
이번에 올라온 거.

나 그거 완전
보고 싶었는데!

꿈 깨라.

청불이 괜히 청불이니?

바보.

떡국 더 먹고 와라~.

TV로 OTT 켜면
되지롱.

▫▫ 「오징어 게임」을 쇼츠로 본 어린이 ▫▫

디지털 세상에서 우리는 경계 없이 쏟아지는 콘텐츠들을 만나게 됩니다. 성인을 대상으로 만든 것인지 청소년을 대상으로 만든 것인지와 무관하게 모든 종류의 콘텐츠를 쉽게 접할 수 있어요. 물론 동영상 공유 플랫폼을 사용할 때 성인 인증을 해야 볼 수 있는 콘텐츠도 있지만, 다른 사람의 계정을 이용하는 방법 등으로 우회하여 보기도 하지요. 그리고 허용되지 않은 콘텐츠를 보려고 의도하지 않았는데도 우연히, 혹은 주변 환경을 통해 접하게 되기도 합니다.

예시를 살펴볼까요? 2021년 가을 넷플릭스(Netflix)를 통해 상영된 「오징어 게임」 시즌 1은 국내뿐 아니라 해외에서 도 크게 주목을 받았습니다. 「오징어 게임」 시즌 1은 영상물 등급위원회의 심의를 통해 '청소년 관람 불가' 등급을 받았고, 유료 플랫폼인 넷플릭스를 통해 상영되었지요. 하지만 어린이·청소년들은 「오징어 게임」을 직접 보지 않았더라도, 소셜 미디어 이용자들이 만든 리뷰 영상이나 리액션 콘텐츠, 장면 일부를 옮긴 쇼츠나 밈 등을 통해 직접 본 것과 유사한 경험을 할 수 있었습니다.

「오징어 게임」의 흥행은 어린이나 청소년이 접하는 콘텐츠의 경계에 대한 문제를 선명하게 드러냈어요. 청소년 관람 불가 등급을 받은 「오징어 게임」을 어린이와 청소년이 쉽게 접하는 것에 어떻게 대응해야 할지 사회적인 논의가 시작된 것이죠. 영국 일부 지역 학교에서는 양육자들에게 가정에서 어린이가 「오징어 게임」을 따라 하는 놀이를 하지 못하게 지도하라는 가정 통신문을 보내기도 했습니다. 이는 단순히 청소년 관람 불가 콘텐츠를 어린이나 청소년이 보는 것이 문제라고 판단한 것이 아니라, 어린이나 청소년이 「오징어 게임」의 독특한 설정이나 놀이를 따라 하면서 자연스럽게 드라마 속 폭력성과 선정성, 적절하지 않은 정서에 노출되는 것을 우려한 조치였습니다.

역사적으로 살펴보면 성인 콘텐츠를 쉽게 접하는 어린 이·청소년에 대한 우려는 새로운 미디어가 등장하고 확산하면서 반복적으로 나타났어요. 이를테면 텔레비전 시청이 여가의 주를 이룬 시대에는 텔레비전 프로그램 편성 시간을 나누어 어린이나 청소년이 볼 수 없는 콘텐츠를 방송하는 시간을 제한하고자 했습니다. 이후 케이블 채널과 같은 콘텐츠 공급자가 많아지고 콘텐츠 소비가 개별화되기 시작하면서 편성 시간을 통한 통제가 어려워지자 필터링 혹은 부모용 잠금 장치 등을 활용하여 콘텐츠 접근을 조절하는 시도를 했죠. 하지만 지금, 우리 모두가 콘텐츠의 생산자이자 이용자로 존재하는 디지털 미디어 환경에서 연령을 기준으로 콘텐츠 접근의 경계를 나눈다는 것은 어려운 일입니다.

연령이라는 경계

연령은 사회 구성원인 우리가 할 수 있는 것과 할 수 없는 것을 구분하는 중요한 기준이 되어 왔습니다. 연령을 기준으로 볼 수 있는 콘텐츠, 할 수 있는 경험, 구매할 수 있는 물건 등이 나누어지지요.

콘텐츠에서는 연령을 기준으로 경계를 나누는 방법이 세 가지 정도 있습니다. 먼저, 우리나라의 영상물등급위원회 같은 공적 기관이 심의를 한 결과에 따라 경계를 만드는 정책적 접근이 있습니다. 둘째로, 어린이나 청소년이 콘텐츠를 접하는 물리적 공간을 분리함으로써 경계를 만들기도 하지요. 마지막으로 사회·문화적 경계 만들기가 있는데요, 이를테면 함께 지내는 보호자의 지도로 콘텐츠 접근이 제한되는 경우가 있습니다.

정책적 경계 만들기의 대표적인 사례는 영상물등급위원회가 정하는 등급 분류일 것입니다. 영상물등급위원회는 일곱 가지 등급 분류 기준을 토대로 영상물을 전체 관람가, 12세 이상 관람가, 15세 이상 관람가, 청소년 관람 불가, 제한 상영가로 나누고 있습니다. 영상물 등급을 나누는 분류 기준은 주제, 선정성, 폭력성, 대사, 공포, 약물, 모방 위험 등입니다. 이렇게 영상물 등급을 나누는 기준은 나라마다, 문화마다 다릅니다. 또한 가정마다 등급 기준을 어떻게 적용할지도 다를 수 있습니다.

저의 오래된 기억을 되짚어 보면, 물리적 공간 분리에 따른 경계가 기억이 납니다. 서점에서 성인 대상 콘텐츠는 어린이의 키가 닿지 않는 곳에 놓여 있었고, 가사 등으로 인해 청소년 감상 불가 판정을 받은 음반은 성인용 음반임을 표시하는 스티커로 봉해져서 판매되었죠. 영화관에서는 상영되는 영화의 등급에 따라 입장을 통제했고요. 콘텐츠를 연령이라는 기준으로 나누어 구분하는 것은 청소년의 입장에서 규제로 느껴질 수도 있지만, 어떤 의미에서는 사회적인 안전망의 역할을 하기도 해요. 콘텐츠 접근에 있어 연령이라는 경계를 둔다는 것은, 어린이나 청소년이 발달 단계나 경험치에 따라 접해도 되는 콘텐츠와 접하면 위험한 콘텐츠를 구분하는 의미가 있습니다.

앞서 소개한 영상물등급위원회 등급 분류 기준처럼 각 나라에서 콘텐츠 등급 분류를 위해 사용하는 기준들을 보면, 그 사회에서 중요하게 생각하는 가치를 엿볼 수 있습니다. 각 사회가 무엇으로부터 어린이와 청소년을 보호하고자 하는

미국영화협회(MPAA)의 영상물 등급 포스터. 미국에서는 G(전체 관람 가),
PG(부모 지도하 전체 관람 가), PG-13(13세 이상 관람 가), R(17세 이상 관람 가),
NC-17(18세 미만 관람 불가)으로 영상물 등급을 나눈다.

지, 어린이나 청소년이 홀로 겪지 말아야 할 경험은 무엇인지 등에 대해 생각해 볼 수 있죠.

그러나 과거에 만들어진 이러한 정책적·물리적·문화적 경계 세우기는 디지털 미디어 환경으로 오면서 부족한 부분들이 드러나기 시작했어요.

'연령'이라는 경계가 얼마나 유효할까?

앞서 「오징어 게임」 사례에서 본 것처럼 지금 디지털 미디어 환경은 연령 등급과 상관없이 콘텐츠에 접근하기 쉽습니다. 이는 디지털 미디어 환경의 변화와 밀접하게 관련되어 있어요.

첫 번째 변화는 콘텐츠에 접근할 수 있는 미디어 플랫폼이 다양해졌다는 것입니다. 각 플랫폼은 이용자 권장 연령을 제시하고 있지만, 연령을 확인하는 방식이 대개는 계정을 만드는 사람이 밝힌 연령을 신뢰하는, 자기 보고식인 경우가 많습니다. 14세 미만 어린이의 경우 보호자의 동의를 받아야 계정을 만들 수 있는 플랫폼이 많지만, 어린이나 청소년이 친척이나 가족, 타인의 계정을 받아서 쓰는 경우가 많기도 하지요. 이용자의 연령을 제대로 확인하고, 권장 연령에 미치지 않은 어린이나 청소년은 계정을 만들지 못하도록 관리하는 정책들이 최근 들어 도입되고 있으나, 어린이나 청소년의 연령을 확인하는 과정에서 지나친 개인 정보 수집이 일어나지 않을지 등에 대한 우려로 효과적인 대응책이 만들어지지 못한 상황입니다.

두 번째 변화는 누구나 콘텐츠를 만들고 공유할 수 있는 환경이 만들어졌다는 것입니다. 과거의 연령 등급은 텔레비전 프로그램이나 영화와 같은 전통적인 미디어를 기준으로 만들어졌습니다. 하지만 지금은 유튜브, 틱톡, 인스타그램과 같은 새로운 플랫폼들이 등장했고, 이러한 플랫폼에서는 콘텐츠가 실시간으로 제작되고 공유됩니다. 매일같이 수많은 콘텐츠가 만들어지고 업로드되는 상황에서 플랫폼의 모든 콘텐츠를 심의하기는 매우 어렵습니다. 이에 각 미디어 플랫폼은 '커뮤니티 가이드라인'이라는 이름으로 자신의 플랫폼에서 허용하지 않는 콘텐츠가 무엇인지, 공동체 규정을 지키지 않았을 때 어떤 조치가 취해지는지 등을 제시하고 있지요. 하지만 콘텐츠를 만들어서 올릴 때 커뮤니티 가이드라인을 꼭 숙지하고 올려야 한다거나, 콘텐츠를 볼 연령층을 고려해야 한다는 강한 메시지를 주거나, 윤리적인 생산을 장려하는 플랫폼은 찾아보기 어렵습니다.

세 번째 변화는 추천 알고리즘으로 인해 원하지 않은 콘텐츠를 볼 수도 있다는 점이에요. 어린이·청소년과 미디어 경험에 대해 이야기하다 보면, 유튜브 쇼츠나 인스타그램 릴스 등 쇼트 폼 미디어를 볼 때 의도치 않게 불쾌한 영상이나 무서운 영상을 만나게 된다는 말을 많이 듣습니다. 이는 각 플랫폼의 추천 알고리즘과 관련이 있지요. 계정 주인의 연령이나 관심사, 주변 사람들의 관심사 등이 추천 알고리즘에 영향을 미칠 것이라고 짐작은 할 수 있지만, 각 플랫폼의 추천 알고리즘이 정확히 어떻게 작동되는지는 알기 어렵습니다. 이런 환경에서 자신이 의도하지 않았음에도 연령에 맞지 않는 콘텐츠를 접하기도 하죠.

미디어 플랫폼의 새로운 시도들

디지털 미디어 환경 변화에 관한 이야기를 읽으면서 여러분도 느꼈을 것 같아요. 디지털 미디어 환경에서 연령이라는 경계를 지키는 것은 단지 개인의 실천에 달린 것이 아닙니다. 여러분이 이용하는 미디어 플랫폼을 운영하는 기업의 역할과 책임도 있고, 정책을 만드는 사회의 역할도 중요해요.

미디어 플랫폼은 이용자의 연령을 확인할 뿐 아니라, 콘텐츠를 적절하게 분류하고 이용자의 연령에 맞게 추천 알고리즘이 작동할 수 있도록 관리해야 합니다. 유럽연합(EU)의 경우 많은 사람이 사용하는 대규모 온라인 플랫폼에 추천 알고리즘을 일부 공개하게 하는 정책을 도입하기도 했습니다.

한편 연령에 따라 경험을 다르게 제공하는 미디어 플랫폼들의 시도도 시작되고 있습니다. 예를 들어 틱톡의 경우 만 14세부터 18세 사이 청소년이 이용 가능한 서비스가 다릅니다. 이러한 플랫폼 기업의 변화는 어린이와 청소년의 안전한 성장과 건강을 보장하기 위한 정책의 결과물입니다. 하지만 어린이와 청소년을 보호하는 것이, 어린이와 청소년의 경험을 제한하는 결과로 이어질 수 있다고 우려하는 사람들도 있습니다. 여러분은 어떻게 생각하나요?

경계 없이 콘텐츠가 쏟아지는 환경, 나만의 경계를 만들어 본다면?

정보나 콘텐츠에 대한 접근성이 높아진 것은 인터넷의 확산과 함께 열린 디지털 사회의 강점으로 꼽히지만, 그와 동시에 유해 콘텐츠나 허위 정보에 쉽게 노출된다는 부정적인 영향도 있습니다. 연령이라는 경계는 콘텐츠를 생산하는 사람과 소비하는 사람에게 허용되는 선이 무엇인지를 알려 주는 사회적 합의입니다. 특히 누구나 생산자가 되고 자신만의 콘텐츠를 올려서 불특정 다수에게 공유할 수 있는 환경에서, 내가 만드는 콘텐츠가 어떤 사회적 약속을 지켜야 하는지를 성찰하는 기준으로 작동할 수 있습니다.

연령 기준 같은 콘텐츠 접근의 경계를 규제나 제한으로 생각하기보다, 우리 사회의 연령 기준을 살펴보고 그것들이 의미하는 바가 무엇인지 성찰해 보면 어떨까요? 만약 내가 접한 콘텐츠의 연령 등급을 정해 본다면 어떤 등급을 줄지,

그 이유는 무엇인지 친구들과 함께 이야기해 보는 것도 의미가 있습니다. 어쩌면 연령 등급은 여러분이 미디어를 비판적으로 바라보는 눈을 기르는 데 도움이 될 수도 있을 거예요. "왜 이 콘텐츠가 특정 연령에게 부적합하다고 판단되었을까?", "이 내용이 나의 가치관 형성에 어떤 영향을 미칠까?"와 같은 질문을 해 보면 어떨까요?

나만의 '경계'를 세우기 위한 기준을 생각해 볼까요?

- 나는 어떤 콘텐츠와 경험으로부터 보호받고 싶은가요?

- 만약 나보다 어린 동생이 있다면, 동생을 무엇으로부터 보호하고싶은
가요?

내가 만드는 콘텐츠의 등급을 정해 보아요.

- 그렇게 등급을 정한 이유는 무엇인가요? 어떠한 기준으로 등급을 정했
나요?

**내가 콘텐츠를 이용하기 위해 즐겨 찾는 플랫폼이 있다면(틱톡, 유튜브
등), 해당 플랫폼의 커뮤니티 가이드라인을 찾아봅시다.**

- 어린이나 청소년이 안전하게 콘텐츠를 즐길 수 있도록, 미디어 플랫폼
기업이나 정책 기관에 무엇을 요구해야 할까요?

왜 어떤 목소리는 유난히 크게 들릴까?

제가 즐겨 찾는 온라인 게시판이 있습니다. 매일같이 들락날락하며 정보도 보고 사람들과 댓글이나 게시글로 이야기를 나누기도 합니다. 그런데 언제부터인가 온라인 게시판을 보고 나오면 왠지 감정이 격해져 있음을 깨달았습니다. 온라인 게시판에 들어가는 횟수를 좀 줄여야겠다고 결심을 했지만 쉽지는 않았어요.

여러분은 어떠세요? 온라인에서 이야기를 나눌 때 다양한 의견을 듣고 표현할 수 있나요? 아니면 유난히 크게 들리는 목소리들을 마주하게 되나요? 목소리 큰 사람이 이긴다는 우스갯소리가 있지요. 소리가 없는 온라인에서는 같은 의견을 말하는 게시물의 수가 많거나 게시물의 표현 강도가 셀 때 오프라인에서 목소리가 큰 것과 같은 효과를 냅니다.

◻◻◻ 침묵의 나선 이론 ◻◻◻

다수가 찬성하는 의견이 생기면 소수 의견을 가진 사람은 말을 꺼내기 어려워지곤 합니다. 이를 설명하는 것이 '침묵의 나선' 이론입니다. 예를 들어 생각해 볼까요? 학교에서 스마트폰을 어떻게 사용하면 좋을지 청소년끼리 논의하고 있다고 해 봅시다. 대부분의 친구들이 스마트폰을 수업 시간에도 가지고 있게 해 달라고 의견을 말하고 있을 때, 다른 의견이 있는 친구는 그냥 조용히 있자고 생각하기 쉽습니다. 이를테면 스마트폰을 수업 시간에도 가지고 있으면 수업에 방해가 될 거라고 생각해 학교 안에서는 스마트폰을 쓰지 못하게 하길 바라는 소수 의견은 드러나지 못한 채 조용히 침묵하게 되는 것이지요. 이처럼 사람들은 자신의 의견이 소수인 듯 느낄 때 목소리를 내지 않고, 그러면 점점 더 다수의 의견만 눈에 띕니다. 마치 소용돌이처럼 한쪽으로 의견이 쏠리는 '침묵의 나선'이 만들어지는 것이지요.

　어차피 하나로 의견을 모아야 하는데 다수의 의견만 들리는 게 무슨 문제냐고 생각할 수도 있어요. 하지만 소수의 의견도 자유롭게 말할 수 있는 분위기가 되어야 서로 의견을 모아 가며 더 좋은 다수 의견이 나올 수 있습니다.

　학교 안에서 스마트폰을 어떻게 쓰도록 할지 논의하는 장면으로 돌아가 볼까요? 앞서 소개했던 소수 의견을 가진 친구들이 자기 생각을 자유롭게 말할 수 있었다면, 수업 시간에 스마트폰을 가지고 있되 수업에 방해가 되지 않도록 하자는 약속을 만들 수도 있었을 겁니다.

▫▪▫ '다수'만 드러내는 온라인 환경 ▫▪▫

온라인에서도 '침묵의 나선'이 만들어지곤 합니다. 뉴스 댓글이나 온라인 커뮤니티에서 불특정 다수가 모여 의견을 나눌 때 소수의 의견은 들리지 못한 채 사라질 때가 많아요. 소셜 미디어 화면을 보면서 비슷한 감정을 느낄 때도 있습니다. 소셜 미디어에 청소년 사이에 어떤 아이템이 유행한다는 게시물이 줄을 이으면, 정작 청소년인 여러분이 한 번도 관심을 두지 않은 아이템이라 하더라도 왠지 알고 있어야 할 것 같은 마음이 들곤 합니다.

특히 온라인에는 어떤 의견이 다수의 의견인지 알 수 있게 드러내는 장치들이 많습니다. 예를 들어 많은 사람이 '좋아요'를 클릭한 댓글은 '베스트 댓글'이라는 이름을 달고 맨 위로 올라갑니다. 그리고 요즘에는 댓글에 '싫어요'를 표시할 수 있는 기능도 있어서, 얼마나 많은 사람이 그 댓글에 찬성하고 반대하는지를 볼 수 있지요. 게시물의 공유 횟수가 많을 때 다수가 이 게시물에 찬성한다고 판단하게 되기도 합니다.

그래서 인공 지능 등의 기술을 악용하여 자신과 같은 의견을 가진 사람들이 많은 것처럼 보이게 하려는 사람들도 있습니다. 자동으로 게시물을 생성하는 소셜 미디어 봇(bot)을 만들거나 생성형 인공 지능으로 마치 사람이 쓴 것처럼 댓글을 작성하지요. 생성형 인공 지능이 만들어 낸 가짜 댓글을 차단하는 기술과 정책이 만들어지고 있지만, 인공 지능 기술이 발전하면서 진짜와 가짜를 구분하는 것이 점점 어려워지고 있습니다.

더구나 많은 사람이 활발하게 이야기를 나누는 온라인 공간에서 사람들의 반응을 받지 못하는 게시물이나 댓글은 눈에 띄지 못하고 조용하게 흘러가 버릴 위험이 있습니다. 나의 의견이 소수의 의견일 때 그것을 표현하기로 마음먹기도 어렵지만, 용기 내어 나의 의견을 말해 봤자 다른 게시물 사이에 묻혀 사라지지 않을까 하는 우려가 들기도 하지요.

▫▪▫ 점점 강하게, 점점 자극적으로 ▫▪▫

다수의 의견과 같은 생각을 하는 사람이더라도 다수 의견 사이에서 내 말이 들리지 않고 묻히면 어쩌나 하는 걱정을 하게 됩니다. 내가 하는 말에 누군가는 반응을 해 주기를 바라고, 이왕이면 여러 사람에게 주목받는 말을 하고 싶기 때문이지요.

잠시 온라인을 떠나, 오프라인 상황에서 생각해 봅시다. 여러분 주변에 말을 잘하는 친구가 있을 겁니다. 말을 하면 모두가 동의하거나 설득이 되는 그런 친구요. 그들은 말할 때 어떤 특징이 있나요? 말투나 어조가 설득력이 있을 수도 있고, 표정이 재미날 수도 있습니다. 다른 친구들의 말을 경청하면서 이야기를 이끌 수도 있고요. 하지만 온라인에서는 이런 장기를 발휘하기 어려워요. 표정이나 몸짓을 보여 주기도 어렵고, 여러 사람의 이야기를 들으며 의견을 조정하기도 쉽지 않습니다.

온라인에서 주목받고 싶다면 강하고 자극적인 제목과 표현을 쓰는 것이 가장 간단합니다. 여러분은 온라인 커뮤니티에서 어떤 게시물을 먼저 클릭하나요? 자극적인 제목으로 많은 조회 수를 받은 게시물이나 호기심을 자극하는 제목을 단 게시물을 먼저 클릭하지 않나요?

그래서 온라인 공간에서는 점점 강하고 자극적으로 표현하기 쉽습니다. 정말 어떤 사안에 대해 강하게 생각하고 있을 수도 있지만, 대개는 강한 표현으로 눈에 띄어 한 사람이라도 더 내 말을 듣게 하려는 것이지요. 온라인 뉴스 기사 중에서 본문의 내용과는 다른 '낚시성 제목'이 많은 것도 비슷한 이유입니다.

자극적인 표현의 게시물과 다수 의견의 게시물만이 주

온라인에서는 익명의 가면 뒤에 숨은 소수자 혐오 발언이 보이곤 한다.

목받는 현상이 이어지면, 특정한 목소리만 강하게 들리고 그 목소리가 모두의 목소리처럼 오해되기 쉬워요. 때로는 극단적인 목소리들이 충돌하여, 사회 갈등을 키우기도 합니다.

또 온라인 혐오처럼 특정 집단을 공격하는 발언이 큰 목소리를 내며 주목을 받으면, 사회적 약자들이 온라인에서 자유롭게 목소리를 내기 어려워집니다. 혐오 발언이 세운 장벽은 온라인을 큰 목소리만 살아남는 왜곡된 소통의 공간으로

만들어 버려요. 몇 년 전 온라인에서 유행했던 '잼민이'*라는
멸칭이, 어린이들이 온라인에서 마음껏 자신을 드러내며 말
하기를 꺼리게 했던 것처럼 말이에요.

다양한 목소리가 어우러지는
온라인 공간을 위하여

우리가 즐겨 찾는 온라인 공간이 갈등을 부추기는 큰 목소리
로 채워지면 결국엔 그곳을 떠날 수밖에 없습니다. 하지만 여
러 사람을 만나며 즐거움을 느끼는 온라인 공간을 무작정 떠
나기보다, 온라인에서 더 안전하고 건강하게 소통할 수 있도
록 함께 노력할 방법을 찾아보면 좋겠습니다.

먼저, 크게 들리는 목소리가 모두의 목소리가 아님을 기
억해요. 들리지 않는 목소리가 있고, 크게 드러나지 않지만

＊　'잼민이'는 어느 음성 지원 기능의 어린이 목소리 명칭인 '재민'에서 비롯되었
다고 해요. 그 이후 온라인 공동체에서 미숙한 방식으로 소통하거나 다른 사람에
게 피해를 주는 어린이를 낮잡아 '잼민이'라 부르기 시작했고, 어린이를 부르는 혐
오 표현으로 쓰이기도 했습니다.

어딘가에서 계속 표현하고 있는 소수의 중요한 목소리도 있을 것입니다. 조회 수가 많은 게시물이나 베스트 댓글에 관심을 모아 주기보다, 소수의 중요한 목소리에 관심을 기울이면 어떨까요? 작지만 중요한 목소리에 나의 의견을 더하면서 힘을 실어 줄 수도 있고요. 그러다 보면 다양한 목소리가 더 잘 들릴 수 있을 거예요.

또 온라인 혐오처럼 특정 대상을 공격하는 목소리를 내지 못하도록 할 방법을 함께 고민해 보았으면 좋겠습니다. 다른 사람의 의견을 존중하고, 나와 다르다고 해서 배제하지 않으며, 때로는 용기 내어 나의 생각을 표현하는 것. 이런 노력들이 모여 우리 모두가 편하게 자신의 목소리를 낼 수 있는 온라인 소통 문화를 만들어 갈 수 있어요.

온라인에서 어떤 이슈에 대해 다양한 목소리를 듣고 의견을 모았던 경험이 있나요?

- 어떻게 그런 소통이 가능했을까요?
- 만약 그런 경험이 없다면, 왜 그럴까요?

온라인에서 본 댓글이나 누군가가 말한 내용에 영향을 받아 의견을 결정한 적이 있나요?

- 어떤 의견에, 왜 영향을 받았나요?

서로 존중하면서도 자신의 의견을 자유롭게 이야기하고 토론하는 온라인 환경을 고민해 봅시다.

- 자유로운 온라인 환경을 만들기 위해 사람들이 어떤 태도를 가지면 좋을까요?

알고리즘이 안내하는 세상

어느 날 친한 친구가 음악을 하나 추천해 줬어요. 오래 친하게 지낸 친구라 제 취향을 잘 알고 있었습니다. "네가 좋아할 것 같은데 한번 들어 봐."라며 소개해 준 음악은 평소에 제가 듣던 음악은 아니었지만, 저의 취향에 딱 맞았어요. 곧 저는 제 친구들한테도 그 음악을 추천했습니다. 사실 그들의 취향을 고려하진 못했어요. 어떤 친구는 저보다도 더 그 음악에 빠져서 같은 가수의 다른 앨범들을 열심히 찾아보는 팬이 되었고, 괜찮은데 내 취향은 아니라며 듣다가 만 친구도 있었죠.

우리가 접하는 미디어 플랫폼의 추천 알고리즘도 이와 비슷합니다. 나의 이전 검색 기록이나 선호하는 주제 등을 토대로 '너는 이런 걸 좋아할걸?'이라고 예측해서 추천해 주는 경우도 있고, 아주 간혹 '대체 이걸 왜 나한테 추천했지?' 싶을 정도로 나의 평소 취향과 무관한 콘텐츠를 권하기도 합니다. 콘텐츠와 정보가 무한하게 있는 것 같은 디지털 세상에서 '나를 위한' 것을 추천해 주는 누군가가 있으면 많은 도움이 되지요. 제 취향에 딱 맞는 음악을 추천해 줬던 친구처럼 말이에요. 하지만 추천 알고리즘이 안내하는 디지털 세상에서 생기는 문제는 없을까요?

왜 이걸 나에게 추천했지?

우리가 디지털 세상에서 접하는 콘텐츠와 정보, 만나는 사람들, 하게 되는 경험들 모두 추천 알고리즘의 영향을 받습니다.

혹시라도 추천 알고리즘이라는 말을 처음 들어 봤다면, 여러분이 이용하는 많은 디지털 미디어 플랫폼(소셜 미디어, 동영상 공유 사이트, 온라인 쇼핑몰, 학습 플랫폼 등) 중 하나를 떠올려 봅시다. 이 플랫폼에 정보를 등록하고 이용하기 시작하면 얼마 안 되어 '당신이 좋아할 만한' 혹은 '당신과 비슷한 사람들이 보고 있는', '당신이 필요한' 같은 이름으로 콘텐츠나 정보, 물건 등을 추천받은 경험이 있을 거예요. 이렇게 여러분이 제공한 정보를 바탕으로 콘텐츠나 정보를 권하는 방식을 추천 알고리즘이라고 부릅니다.

추천 알고리즘은 여러분이 미디어를 이용한 기록에서 정보를 수집하여 여러분이 관심을 둘 것이라고 예측되는 정보나 콘텐츠를 제안합니다. '이거 한번 볼래?'나 '너는 이런 것들에 관심을 가질 것 같은데?'라고요. 추천 알고리즘은 크게 두 가지 원리로 작동합니다.

첫 번째는 여러분이 지금까지 선택한 콘텐츠나 정보의 특징을 파악하고, 그 특징을 기초로 추천하는 거예요. 이것을 '콘텐츠 기반 추천 알고리즘'이라고 부릅니다. 예를 들어 여러분이 강아지가 나오는 콘텐츠를 주로 보고 강아지 훈련에 대한 정보들을 찾아본다고 파악이 되면 앞으로도 관련 콘텐츠를 추천하는 것이지요. 또 주로 10분 이상의 긴 영상을 한 번에 끊지 않고 보는 경향이 있으면, 추천 콘텐츠에 긴 길이의 영상이 많이 포함될 수 있어요.

두 번째는 여러분과 비슷한 성향의 사람들이 좋아하는

콘텐츠를 추천해 보는 것입니다. 예를 들어 여러분과 나이대나 사는 곳, 취향 등이 비슷한 사람들이 즐겨 찾는 콘텐츠를 추천해 주는 방식입니다. 이것을 '협업 기반 추천 알고리즘'이라고 불러요. 우리는 대개 이 두 가지 방식이 결합된 추천 알고리즘을 토대로 콘텐츠나 정보를 추천받게 됩니다.

알고리즘이 '나의 선호'를 예측하는 다양한 방식

소셜 미디어나 동영상 공유 플랫폼을 사용할 때 여러분의 화면에 뜨는 '추천 목록'은 어떻게 결정될까요? 평소 내가 찾아보던 내용과 연관된 것들이 아닐까 생각하기 쉽지만, 여러분의 관심사 외에도 여러 요소가 추천 알고리즘에 반영됩니다. 예를 들어 똑같은 유튜브라고 해도 스마트폰에서 열었는지 아니면 컴퓨터에서 열었는지에 따라 조금은 다른 추천 목록이 만들어집니다. 여러분이 이용하는 기기에 대한 정보가 추천 알고리즘에 반영된 것이지요.

쇼트 폼 영상 플랫폼 틱톡의 추천 알고리즘을 한번 살펴

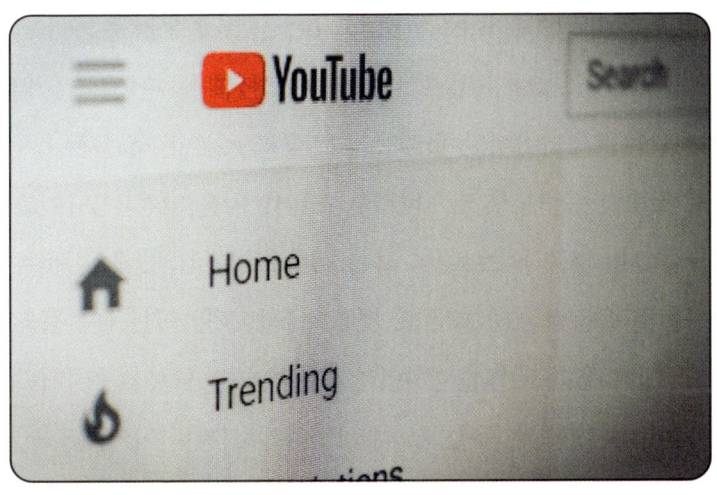

유튜브에서는 다양한 기준으로 선정한 '인기 급상승 동영상'을 추천한다.

볼까요? 틱톡은 어떤 데이터를 수집하여 여러분을 위한 추천 목록을 만들까요?

먼저 틱톡에서 여러분의 행동을 살펴봅니다. 예를 들어 여러분이 좋아하거나 공유한 영상이 무엇인지, 팔로우한 계정은 무엇인지에 대한 데이터를 수집해요. 그리고 여러분이 쓴 코멘트나 여러분이 만든 콘텐츠도 참고합니다.

두 번째는 각 영상의 정보를 분석합니다. 영상에 포함된 자막이나 음원, 해시태그 등을 보는 거예요.

그리고 여러분이 쓰는 기기나 계정 설정에 대한 데이터도 참고합니다. 예를 들어 여러분이 선택한 언어나 여러분이 사용하는 기기 유형을 살펴보는 것이지요. 이런 데이터는 어떤 영상이 여러분의 기기에서 잘 구동될지를 알려 주기 때문에 참고한다고 해요.

이렇게 틱톡은 크게 세 가지 유형의 데이터를 수집하고 분석하여 여러분에게 추천할 영상을 결정합니다. 물론 미디어 플랫폼마다 추천 알고리즘은 조금씩 다릅니다. 하지만 추천 알고리즘에 투입되는 데이터 유형은 비슷해요.

▫▪▫ 추천 알고리즘이 안내하는 세상 ▪▫▪

주변의 청소년들에게 추천 알고리즘을 어떻게 생각하는지 물어보면 좋기도 하고 싫기도 하다고 답하곤 합니다. 검색 몇 번 하면 내가 관심 가질 만한 콘텐츠를 줄줄 제안해 주니 직접 일일이 찾아보지 않아도 되어서 편하기도 하고요. 추천 알고리즘 덕분에 있는지도 몰랐던 영상을 발견해서 좋았다는 말도 해 주었습니다. 하지만 추천 알고리즘이 나에 대해 너무 잘 알고 있는 것 같아서 불쾌하다, 또 추천 알고리즘을 따르다 보니 내 시야가 한정되는 것 같다고 말하는 청소년도 있었어요.

빠르게 미디어를 이용하고 싶기 때문에 여유 있게 하나하나 검색하기보다 추천 알고리즘이 제안하는 콘텐츠를 따라갈 수도 있습니다. 소셜 미디어 피드처럼 추천 알고리즘이 모르는 사이에 작용하여 내가 어떤 친구의 안부를 언제 보게 될지 결정이 되기도 하고요. 점점 더 많은 미디어 플랫폼을 이용하고, 더 많은 콘텐츠 사이에서 내가 볼 것을 결정해야 한다면 우리는 인식하든 인식하지 못하든 추천 알고리즘에 어느 정도 의존할 수밖에 없을 거예요.

디지털 세상을 나에게 맞추는 역할을 추천 알고리즘이 한다고 생각할 수도 있습니다. 저에게 틱톡 사용법을 알려 줬던 청소년이 "계정을 처음 만들면 얘가 나를 잘 모르니까, 몇 번 이용하며 '좋아요'를 부지런히 눌러서 나에게 딱 맞도록 만들어야 해요."라고 설명했던 것처럼요.

하지만 추천 알고리즘은 나의 생활을 편하게 하기 위한 목적만으로 만들어진 것이 아닙니다. 추천 알고리즘은 편의

성을 주기도 하지만, 이용자들의 주목을 끌어 긴 시간 플랫폼에서 머물도록 하기도 합니다. 유튜브의 경우, 인공 지능을 연구하는 구글 브레인 팀이 개발한 스마트 추천이 유튜브에 도입된 지 3년 만에 이용자들의 유튜브 이용 시간이 스무 배 증가했다고 해요. 유튜브에서 너무 많은 시간을 보내는 것이 고민이라 말했더니 "그러면 유튜브 추천 영상은 보지 말고, 직접 검색해서 선택한 영상만 보도록 해 보세요."라고 조언했던 청소년이 기억납니다.

추천 알고리즘은 내가 무엇을 원하거나 좋아하는지 예측해서 콘텐츠나 정보를 추천하지만, 추천 알고리즘이 나를 이해하기 위해 사용하는 데이터는 한정되어 있습니다. 추천 알고리즘은 나에 대해서 무엇을 알고, 무엇을 알지 못할까요? 예를 들어 추천 알고리즘은 내가 어떤 영상을 얼마나 보는지는 알아도, 내가 왜 그 영상을 보는지는 알지 못합니다. 슬픔에 차서 감상한 영상인지, 기뻐서 찾아본 영상인지 알지 못하고, 단순히 그 영상을 얼마나 봤는지만 파악하고 있지요.

만약 친구가 우울함을 느껴서 슬픈 영상만 찾아보고 있다면, 여러분은 친구에게 어떤 영상을 추천하겠어요? 아마도

우울을 이겨 낼 수 있는 영상을 찾아서 추천하거나, 영상을 그만 보고 나가서 산책을 하자고 말할 거예요. 하지만 디지털 세상의 추천 알고리즘은 이러한 고려 없이, 지속적으로 보는 영상을 좋아한다고 판단해 계속 추천할 가능성이 큽니다.

▫▫▫ 추천 알고리즘 현명하게 이용하기 ▫▫▫

그렇다면 추천 알고리즘을 잘 이용하는 방법은 무엇일까요? 먼저 추천 알고리즘을 그대로 따라가기보다 왜 이런 영상이나 정보가 나에게 추천되는지 생각해 봅시다. 내가 평소에 좋아하는 영상일까, 아니면 친구들이 좋아하는 영상일까? 내가 여기에서 시간을 더 많이 보내거나, 물건 같은 것을 사게 하려고 유도하는 콘텐츠는 아닐까? 이런 질문들을 던져 보면서 나를 위한 추천 목록이 어떻게 만들어지는지 짐작해 보세요. 그러다 보면 추천 알고리즘에서 빠져 있는 것들을 알아차리고, 더 다양한 콘텐츠들을 찾아 나갈 수 있습니다.

또 추천 알고리즘이 나의 경험을 한정하지 않도록 나의 시청 기록이나 검색 기록을 정기적으로 삭제하는 것도 좋습니다. 여러분만의 기준을 만들고 그 기준에 따라 신고나 차단을 하면서, 신고나 차단의 결과가 반영되었는지를 살펴보는 것도 추천합니다. 구독하는 채널이 있다면, 이 역시 정기적으로 관리하는 것이 좋아요. 채널의 성격이나 내용이 바뀌기도 하니까요.

내가 무엇을 좋아하는지, 무엇이 나에게 좋은 영향을 주는지 알아 가는 것도 권합니다. 이를테면 나에게 긍정적인 영향을 주는 채널들을 적극적으로 찾아서 구독해 보세요. 긍정적인 콘텐츠를 찾아 구독하다 보면 유해한 콘텐츠를 보게 될 위험을 줄일 수 있을 겁니다.

추천 알고리즘이 안내하는 세상이 마치 내가 살고 있는 세상의 전부인 것처럼 느끼기 쉽습니다. 하지만 추천 알고리즘 밖의 세상에 문을 열어 두고, 우연한 발견이 주는 즐거움을 느꼈으면 좋겠습니다. 어떤 책을 찾으러 간 도서관 책장에서 몰랐던 좋은 책들을 우연히 발견하는 즐거움을 느낄 수 있는 것처럼, 나의 취향에 맞을 거라고 예측되어 주어진 추천 알고리즘의 목록을 벗어나 예상하지 못했던 방향으로 취향을 찾는 시도를 해 보면 어떨까요?

함께 생각해 봅시다

여러분의 취향은 어떻게 만들어졌나요?

● 지금 좋아하는 음악, 웹툰, 게임은 어떻게 알게 되었나요?

● 왜 좋아하게 되었나요?

친구에게 음악을 추천한 기억을 떠올려 봅시다.

● 어떤 기준으로 친구에게 음악을 추천했나요?

● 만약 그 친구가 좋아할 거라고 짐작해서 추천해 준 거라면 그렇게 짐작한 근거는 무엇인가요?

내가 동영상 공유 사이트 운영자라면 어떻게 추천 알고리즘을 만들고 싶은지 생각해 봅시다.

● 폭넓은 주제의 영상을 추천하는 알고리즘을 만들고 싶나요, 개인의 취향에 맞춘 영상을 추천하는 알고리즘을 만들고 싶나요?

4부

새로운 기술,

새로운 질문

딥페이크 기술을 올바르게 활용하려면

ㅁㅁㅁ 보이는 대로 믿어도 될까? ㅁㅁㅁ

여러분이 스마트폰에서 보는 이미지나 영상, 소셜 미디어 피드에서 접하게 되는 게시물들은 모두 눈에 보이고 귀에 들리는 그대로 '진짜'일까요? 우리는 일상적으로 필터를 이용해서 내가 찍은 사진을 수정합니다. 사진을 찍을 때는 없었던 사람을 편집해서 넣거나 배경을 수정하기도 하고요. 내가 수정한 사진임을 모르고 보는 친구는 이런 일이 있었다고 그대로 믿어 버릴 수도 있고, 아니면 조금은 어색한 부분들을 보면서 편집이 된 사진이라고 판단할 수도 있겠지요.

지금의 인공 지능 기술은 우리가 접하는 미디어를 만드

는 데 점점 더 적극적으로 개입하고 있습니다. 인공 지능으로 유명인의 목소리를 조작해서 그 사람이 말한 것처럼 만든 음성 파일, 딥페이크 등으로 누군가의 사진이나 영상을 조작하여 바꾼 결과물, 생성형 인공 지능이 쓴 글이나 정보 등 그 사례와 범위는 빠르게 늘어 가고 있어요. 이렇게 인공 지능이나 기계 학습을 사용해서 부분적으로 혹은 새롭게 생성한 유형의 미디어 콘텐츠를 '합성 미디어(synthetic media)'라고 부릅니다.

온라인에 축적된 수많은 정보를 이용해 조합하고 합성하여 원본과는 완전히 다른 콘텐츠를 만들어 낼 수 있는 기술. 이 기술이 일상화하고 있는 지금, 우리는 온라인에서 보는 것과 듣는 것을 모두 믿을 수 있을까요? 여러분은 이미 '보는 것과 믿는 것이 같지 않은' 미디어 환경에 익숙해진 건 아닐까요?

□▫□ 딥페이크 기술, 어떻게 사용할까? ▫□▫

이 장에서 다루어 보고자 하는 '딥페이크(deepfake)'도 합성 미디어 기술 중 하나라 할 수 있어요. 딥페이크는 인공 지능 학습 기술인 '딥 러닝(deep learning)'과 가짜를 의미하는 '페이크(fake)'를 합친 용어로, 딥 러닝 기술로 시각 정보나 청각 정보를 조작하여 마치 진짜처럼 보이는 허위 이미지, 오디오, 영상 등을 합성하는 기술입니다. 딥페이크 기술로 가상의 인물을 만들기도 하지만, 실제 있는 사람의 사진과 영상을 이용해서 마치 그 사람을 찍은 듯한 영상이나 사진을 만들어 내기도 합니다.

딥페이크 기술은 좋은 방향으로 쓰이기도 해요. 예를 들어 역사 속 인물들이 살아 있는 사람처럼 말하고 행동하는 영상을 만들어 보다 실감 나게 역사를 경험하게 하도록 교육 자료를 만듭니다. 또 범죄 피해자들이 피해 상황을 증언할 때 신변 보호를 위해 모자이크하고 음성 변조하여 비현실적인 모습으로 등장할 때가 있는데, 그 대신 딥페이크 기술로 다른 사람의 모습을 하게 해 피해자가 겪는 고통에 공감할 수 있게 하기도 합니다. 하지만 딥페이크 기술을 이용해 주변 사람들로 디지털 성 착취물을 만들어 퍼뜨리고 괴롭히는 등 범죄에 악용하기도 합니다.

장난이 아니야, 딥페이크로 만든 성 착취물

누군가는 인공 지능 기술로 가짜 영상이나 이미지를 만드는 것이 상대방(피해자)에게 직접적인 해를 입힌 것이 아니라, 그냥 우리끼리 장난한 것이라고 말하기도 합니다. '비대면 폭력'이 '대면 폭력'보다 피해가 작지 않냐고 말하는 사람도 있어요. 하지만 대면으로 직접적 피해를 입힌 것이 아니라고 해서, 피해가 별로 없다거나 단순히 개인의 일탈이자 장난이라고 볼 수는 없습니다. 딥페이크 성 착취물 제작과 유포를 둘러싼 디지털 환경을 살펴보면 더더욱 그렇게 말할 수 없다는 것을 알게 됩니다.

먼저 딥페이크나 디지털 편집 기술로 타인의 이미지나 영상으로 성적 조작물을 만드는 의도가 무엇일지 생각해 보아야 합니다. 딥페이크 기술 발전 이전에도 '지인 능욕'이라는 이름으로 디지털 기술로 합성한 성 착취물이 음지에서 공유되어 왔습니다. '지인 능욕'이라는 은어에서 적나라하게 드러나듯이, 이런 성 착취물의 제작 행위에는 지인이 그 사실을 알든 모르든 그를 모욕하고 그에게 모멸감을 느끼도록 하겠다는 의도가 포함되어 있습니다.

게다가 성 착취물 제작·유포 과정에서 가해자가 피해자의 신상 정보를 공개하게 되면, 피해자는 더 큰 피해를 입게 됩니다. 피해자는 이런 상황에서 누가 자신의 사진을 이용해서 성 착취물을 만들었는지, 성 착취물이 어디까지 퍼져 나갈지, 완벽한 삭제가 가능할지를 알 수 없어 괴롭고, 신상 정보가 공개되었을 때는 불특정 다수로부터 연락을 받는 등 실생활에 직접적인 위협을 받게 됩니다. 가해자가 피해자에게 대면으로 피해를 주지 않았다고 해서 단순히 장난이었다고 말할 수 없는, 엄연한 범죄이자 잘못된 행동입니다.

그리고 딥페이크로 만든 허위 정보는 정보에 대한 불신, 어떤 정보도 믿을 수 없는 것 아니냐는 냉소를 일으킵니다. 딥페이크 성 착취물 범죄로 인해 우리는 주변 사람을 믿을 수 없게 되고, 디지털 세상에 기록을 남기는 일을 두려워하게 될지도 모릅니다.

드러난 피해자, 숨은 가해자

딥페이크 성 착취물이 만들어지고 확산하는 과정에는 보이지 않는 권력 관계가 있습니다. 이 권력 관계는 디지털 환경의 특성과도 연관되어 있어요.

딥페이크 성 착취물은 권력을 쥔 강자가 약자에게 행하는 범죄입니다. 이는 약자가 사회 풍자를 위해 권력가들을 조롱하거나 희화화하는 패러디나 캐리커처와는 다릅니다. 디지털 소통 환경에서 권력 관계는 반드시 현실의 사회적 입지나 힘을 반영하진 않습니다. 디지털 환경에서 자신이 얼마나 노출되고 드러나 있는지와 더 밀접한 관련이 있어요.

딥페이크 성 착취물은 우리가 일상에서 사용하는 소셜 미디어 플랫폼, 그중에서도 익명성을 보장한다고 믿는 디지털 공간에서 게시되고 확산합니다. 이 때문에 가해자들은 자신의 익명성이 플랫폼에 의해 보호될 것이라고 확신하고 범죄를 저지르는 경우가 많습니다. 하지만 피해자는 때로는 구체적 개인 정보가 드러난 상태로 범죄 상황을 마주합니다. 정보가 드러난 사람(피해자)과 익명 뒤에 숨은 이용자(가해자들) 사이에 일어난 일일 때, 후자가 더 큰 권력을 가지게 됩니다. 이런 불균형한 권력 관계는 '저격 글' 같은 온라인 괴롭힘에서도 흔히 나타납니다.

초기 인터넷 연구자들은 '익명성'은 인터넷 이용자들로 하여금 자유로이 의견을 표현할 수 있게 하고, 나이나 배경에 영향을 받지 않고 소통할 수 있도록 긍정적인 역할을 할 것이라 예상했습니다. 하지만 자의로 혹은 타의로 자신에 대한 개인 정보가 온라인상에 쉽게 게시되는 지금의 미디어 환경에서 완벽한 익명으로 활동하는 것은 쉽지 않습니다. 익명으로 활동할 수 있는 환경에서도 상대방을 존중하며 행동해야 하는 것은 너무나 당연히 갖추어야 할 태도입니다. 대면 상황에서 하지 않을 일을 비대면에서도 하지 말라고 하는 말도 있지요. 너무 단순한 접근이라고 생각할 수도 있지만, 우리가 함께 생각해 보아야 할 문제입니다.

익명 뒤에 숨어 다른 사람을 괴롭히거나 비방하는 사람들에 대해 미디어 플랫폼은 신고와 차단 기능을 제공하고 있습니다. 하지만 신고 후 사후 조치에 대한 안내가 부족한 편이고, 이에 시민들은 미디어 플랫폼 기업에 제대로 된 조치를 요구하고 있지요. 이런 개인적인 대응 외에도 정책적 대응들도 시작되고 있습니다. 우리나라의 경우 여성가족부는 디지털성범죄피해자지원센터 및 경찰청과 함께 불법 촬영물 삭제 지원, 심리 상담, 법률 상담 지원 등을 하고 있습니다. 혐오 표현으로 인한 피해 예방과 구제를 위해 한국인터넷자율정책기구에서 혐오 표현 자율 정책 가이드 라인을 제정하여 시행하고 있고요. 온라인 공간에서 익명을 핑계 삼아 타인을 괴롭히는 행위는 장난으로 할 수 있는 가벼운 행동이 아닌, 정책으로 대응해야 하는 잘못된 행동이라는 우리 사회의 인식이 커지고 있습니다.

기술은 죄가 없다?

딥페이크 기술이 생기면서 디지털 성 착취물을 만들고 익명의 네트워크를 통해 유포하기 쉬워졌습니다. 기술이 발전할수록 허위 조작 영상과 실제 사람을 촬영한 영상을 구분하기 어렵게 될 수도 있습니다. 그렇다면 빠르게 발전하고 있는 새로운 기술을 우리는 어떻게 보아야 할까요?

어떤 사람들은 기술에는 죄가 없다고 말합니다. 범죄를 저지르는 것은 이용자의 문제라는 말이지요. 하지만 기술도 범죄에 기여한 바가 있다고 말하는 사람들도 있습니다. 예를 들어 살펴볼까요? 만약 망치가 만들어진 후, 망치로 다른 사람들을 공격하는 범죄가 늘어났다고 칩시다. 범죄가 늘어난 건 망치라는 도구 때문이 아니라 망치를 든 사람 때문이라고 보는 사람이 있어요. 반면에 망치를 손에 쥐면 망치로 때릴 수 있는 것을 찾게 된다("망치를 쥔 사람에게는 튀어나온 못이 더 잘 보인다.")고 설명하는 사람도 있습니다. 기술은 가치 중립적인 것이고 기술을 이용하는 사람이 범죄를 저지른다는 입장, 그리고 기술은 가치 중립적이지 않아 기술의 특성 자체가 이용자의 행동과 선택에 영향을 미친다는 입장이 있는 것이지요.

딥페이크 성 착취물 범죄와 연결해 생각해 보면, 딥페이크 기술은 가치 중립적인 것이어서 쓰는 사람의 의도에 따라 악용될 수도, 좋은 방향으로 쓰일 수도 있다고 생각할 수 있습니다. 한편 딥페이크라는 기술이 사람의 행동을 유도하는 방향성이 있어서 타인의 정보를 이용해서 조작물을 만드는 등 타인의 인권을 침해하는 행동이 쉬워지게 하는 문제가 있다고 볼 수도 있죠. 여러분은 어떻게 생각하시나요?

□□□ 기술을 어떤 방향으로 이끌어 가야 할까? □□□

지금, 이 순간에도 새로운 기술이 빠르게 개발되어 나타나고 있습니다. 이런 새로운 기술들을 따라잡는 것만으로도 버겁게 느껴지기도 하지요. 새로운 기술을 빠르게 배우고 잘 활용하는 게 중요하다고 생각할 수도 있을 거예요.

한편 기술로 인해 사회 문제가 발생할 때, 예를 들어 딥페이크 기술이 상용화하면서 디지털 성 착취물을 만들어 유포하는 범죄가 우후죽순처럼 일어날 때, 기술을 규제할 방법을 고민하며 문제를 해결하려 합니다. 이런 대응은 물론 시급하고 중요해요. 하지만 그와 함께, 우리가 기술을 어떻게 볼지, 기술이 나의 삶에 어떤 영향을 미칠지, 나는 기술에 어떻게 영향을 미칠 수 있을지를 생각해 보아야 합니다. 이런 고민들이 모여, 기술을 공동체에 기여할 방향으로 이끌 사회적 목소리를 만들 수 있습니다.

조금 막연하게 느껴지나요? 예를 들어 생각해 볼까요? 딥페이크 기술을 이용해서 만든 영상이 우리 주변에 많아지게 되면, '영상으로 찍힌 모습이라면 실제로 일어난 일일 거야.'라고 믿었던 우리의 인식도 바뀌게 됩니다. 내가 보는 것을 온전히 믿지 못하게 된다는 것은 어떤 의미일까요? 모든 영상 자료를 의심해야 하는 상황이 온다면, 너무 혼란스러울 거예요. 그런 혼란을 막기 위해 영상을 만들 때 사용된 기술들을 밝혀서 참고할 수 있게 하는 소통 방식을 약속할 수 있습니다. 아니면 영상 자료를 만들기 위해서 기술을 활용하기 전에, 올바른 영상 합성을 위한 체크리스트에 먼저 답하게 하는 방식을 도입할 수도 있을 거예요.

이렇듯 기술이 불러일으키는 소통 방식의 변화를 생각하고, 문제가 예상될 때 그에 대응할 방법을 함께 논의하고 만들어 가는 과정이 필요합니다. 새로운 기술과 공존하며 살아가게 될 여러분들은 기술에 대해 깊이 있는 질문을 던지고 성찰하는 습관을 키워 가면 좋겠습니다.

딥페이크 기술이나 인공 지능 기술을 이용해서 콘텐츠를 만들고자 한다면, 다음 질문들을 먼저 던져 보아요.

● 나의 제작 의도는 무엇일까? (내가 하고 싶은 이야기, 내가 말을 걸고 싶은 청중)

● 내가 이용하는 기술은 어떤 특성을 가지고 있고, 어떤 방향으로 제작을 하게 하나?

● 기술의 특성이 나의 제작 의도와 맞지 않다면, 대안으로 이용할 수 있는 다른 기술은 무엇일까?

● 내가 이용한 기술이 다른 사람의 권리를 침해하지는 않을까?

● 내가 사용한 인공 지능 도구를 공개할 수 있을까?

● 내가 만든 제작물이 사회에 어떤 영향을 미칠까?

만약 여러분이 지금까지 이 책을 사실 사람이 아닌 인공 지능이 작성했다는 말을 듣게 된다면 어떨까요?

'그래? 이 글이 나에게 유용했다면 누가 썼든 상관없지.'라고 반응하는 사람도 있을 거예요. 아니면 '인공 지능이 쓴 글이라니 속았다.'라며 배신감을 느낄 수도 있습니다. 지금까지 읽은 글의 내용은 그대로인데, 글쓴이가 누구냐에 따라 반응이 다르다면 그 이유는 무엇일까요?

사람과 사람의 소통 vs. 사람과 인공 지능의 소통

사람이 쓴 글은 대개 그 사람의 경험과 생각을 기반으로 합니다. 그래서 정보 전달에 그치지 않고 독자에게 말을 걸고 소통하고자 하는 의도가 있어요. 만약 인공 지능이 작성한 글이라면 효과적인 정보 전달이 가능할 수는 있어도, 독자와 교류하거나 소통하려는 의도는 약할 수밖에 없습니다.

빠른 속도로 개발되고 있는 인공 지능 기술은 인간처럼 창작물을 만들어 내기도 하고, 인간의 목소리와 모습으로 다가오기도 합니다. 최근 뉴스 영상 클립을 보면, 목소리로 등장한 앵커가 인공 지능 앵커인 경우들이 있습니다. 보통 늘 보던 뉴스 클립하고 별다르지 않게 영상을 보다가, 마지막 화면에 인공 지능 앵커 누구라고 자막이 나오는 것을 보면 잠깐 어색함이 느껴질 때도 있어요. 인공 지능 앵커가 비극적인 사건이나 사고에 대한 뉴스를 전할 때, 인공 지능 앵커 목소리의 특성(어색한 띄어 읽기 등)이 유독 귀에 거슬리기도 하지요.

슬픈 마음이 드는 소식을 아무런 감정을 느끼지 않는 인공 지능 앵커가 전달하는 데서 나도 모르게 거부감이 생겼을

지도 모르겠어요. 물론 소식을 객관적으로 전해야 하는 뉴스 앵커의 특성상 사람 앵커 역시 목소리에 감정을 싣지 않습니다. 하지만 목소리로 감정을 표현하지 않아도 뉴스를 보는 사람과 어떤 감정을 공유하고 있음을 표정이나 분위기로 알 수 있는데, 인공 지능 앵커는 아직 그런 감정의 공유가 불가능합니다.

하지만 감정이 없다는 것은 인공 지능의 강점으로 작용하기도 해요. 특히 학습을 도와주는 인공 지능 기술의 경우 그렇습니다. 인공 지능은 같은 질문을 여러 번 하고 똑같은 실수를 반복해도 화를 내거나 짜증을 부리지 않습니다. 대중적으로 인기를 얻은 외국어 학습 앱 개발자의 인터뷰를 본 적이 있어요. 외국어 학습 프로그램 개발 단계에서 사용자들에게 원어민과 1 대 1로 대화할 수 있는 기능이 포함되면 어떻겠느냐고 물었더니, 대부분 좋겠다고 답했다고 해요. 그런데 막상 기능을 넣겠다고 하니, 다들 손사래 치며 다음에 쓰겠다고 했다고 합니다. 그래서 생각한 대안이 인공 지능 캐릭터와의 1 대 1 대화 프로그램이었다고 해요. 인공 지능 캐릭터가 나의 대답에 맞추어 대화를 이어 가기 때문에 실제 사람과 대화하는 듯한 느낌을 주지만, 상대가 실제 사람이 아님을 알고 있기 때문에 긴장도 덜 하고 말을 못한다고 창피함도 느끼지 않았다고 합니다.

감정을 가장하는 인공 지능과의 소통

감정을 공유하고, 소통과 교류를 하고자 하는 의도 등이 인간 사이 소통의 특징이라고 볼 수 있습니다. 하지만 인공 지능은 인간의 감정을 가장하기도 합니다. 특히 챗봇의 경우 대화를 나누는 방식으로 이루어져 있고, 생성형 인공 지능은 사람에 게 자연스럽게 받아들여지는 표현 방식을 쓰도록 훈련되어 있으므로, 사람과 소통하고 감정을 교류하는 것과 유사한 경험을 하고 있다 착각하게 만들기도 합니다. 이런 기능을 사람들에게 정서적인 도움을 줄 수 있다는 장점으로 해석하기도하지만, 청소년이 생성형 인공 지능 챗봇을 이용할 때의 위험에 대해 우려하는 목소리도 커지고 있어요.

2024년 미국 플로리다주의 메건 가르시아는 자신의 10대 아들이 역할극 기능이 있는 생성형 인공 지능 챗봇을

대화형 인공 지능 서비스 챗지피티(ChatGPT)는
2025년 4월 주간 이용자 수 5억 명을 돌파했다.

과도하게 이용하다 대화 과정에서 부추김을 받고 자살하게
되었다며 해당 챗봇 개발 회사를 고소하였습니다. 이처럼 생
성형 인공 지능 챗봇으로 인해 청소년이 자살에 이르거나 자
해를 하게 되었다고 가족이 기업을 고소하는 사례들이 늘어
나고 있습니다. 이 밖에도 생성형 인공 지능이 보일 수 있는
위험 때문에 서비스 사용 권장 연령을 만 13세 이상으로 정
하고, 13세에서 18세의 경우 부모의 동의를 얻도록 하는 인

공 지능 도구도 많습니다. 하지만 권장 연령이 있다는 사실 자체를 잘 모르고, 생성형 인공 지능 도구를 편의를 위해 혹은 단순한 호기심으로 사용하기도 하지요.

어린이·청소년이 생성형 인공 지능 도구를 이용할 때 부모나 교사가 어떻게 도와야 하는지 설명한 미국 커먼센스 미디어(Common Sense Media)의 체크리스트를 볼까요? 어린이나 청소년이 사용해도 되는 인공 지능 도구인지 판단하기 위해 확인이 필요한 내용 중 일부를 가져와 보았어요.

여러분이 사용하려는 인공 지능 도구는 사회적 연결성을 강화하기 위해 만들어졌나요? 그 도구는 당신의 자녀와 친밀한 관계를 맺나요? 그에 대해 어른인 당신이 불편하게 느끼지는 않나요?
어린이·청소년이 인공 지능 도구를 활용하는 과정에 성인이 어떻게 개입할 수 있는지 확인해 보세요. 어린이·청소년이 인공 지능 도구로 하는 것을 어른이 보거나 들을 수 있나요?

이 내용들에서 볼 수 있듯 인공 지능 도구 중에서도 청소년인 여러분이 지나치게 친밀감을 느끼며 소통하도록 만들어졌거나, 소통의 과정을 어른이 보거나 개입할 수 없도록 만들어졌다고 느낀다면, 그 도구에 너무 영향을 받지 않도록 주의해야 합니다.

▫▫▫ 인공 지능이 던지는 새로운 생각거리들 ▫▫▫

인공 지능 도구들은 우리의 일상에 이미 가까이 들어와 있습니다. 마치 인간처럼 우리와 대화를 나누며 정보를 주기도 하고, 인간의 목소리와 모습으로 활동을 하기도 합니다. 이렇게 인공 지능과 소통하는 상황에서 새롭게 생각해 보아야 할 주제들이 있어요.

먼저 조금 어려운 주제일 수도 있지만, 소통하는 주체 사이의 '권력 관계'가 어떻게 이루어지는지 생각해 보아야 합니다. 인공 지능 캐릭터나 챗봇과 소통할 때는 상대가 상처를 받거나 화를 내지 않을 거라 생각하며 소통을 하게 됩니다. 앞서 외국어 학습 프로그램 속 인공 지능 캐릭터의 경우처럼 반복적으로 실수를 하면서도 부끄러움을 느끼지 않고 시도해 볼 수 있기도 하고, 챗봇에 질문이나 요청을 한 후 받은 답에 대해 고맙다고 말하지 않아도 됩니다. 그렇다면 감정을 느끼지 않는 존재이므로 함부로 대해도 되는 것일까요? 인간인지 비인간인지 구분하기 힘든 단계가 오면, 누구를 대상으로 소통하는 것인지 혼란스러운 순간이 오지 않을까요?

두 번째는 '책임'에 대한 것입니다. 인공 지능이 만들어 낸 결과물들이 있습니다. 예를 들어 글일 수도 있고 대화 내용일 수도 있고, 영상이나 정보일 수도 있지요. 인공 지능 도구를 통해 만들어진 결과물에 대해서는 누가 책임을 지는 것일까요?

앞서 소개한 사례처럼 인공 지능 챗봇과 대화하다가 스스로 목숨을 끊었다면 그 책임은 누구에게 있을까요? 인공 지능 도구로 다른 사람의 인권을 침해하는 영상이나 이미지를 생성했을 때, 기술의 책임은 전혀 없을까요? 서로 소통할 때 인간인 우리는 상대방의 권리와 존엄성을 침해하지 않는 최소한의 사회적 선을 지킵니다. 하지만 현재 인공 지능에는 그러한 사회적 선이 없거나 부족합니다. 책임을 지지 않는 존재와 소통한다는 것은 어떤 의미일까요? 우리는 인공 지능 기술이 어떤 선을 지키도록 요구하고 이끌어 가야 할까요?

인공 지능과 인간의 경계가 모호해지는 현실에 대해 생각해 봅시다.

● 온라인에서 내가 소통한 상대가 알고 보니 인공 지능으로 만들어진 가상 인간이라는 사실을 알게 된다면 어떨까요?

● 인공 지능으로 만들어진 결과물(영상, 글, 음악 등)에 인공 지능 기술이 사용되었음을 표시해야 한다고 생각하나요?

인공 지능 기술을 이용한 생산물에 대한 책임은 누구에게 있을까요?

● 인공 지능이 잘못을 저질렀다면 누가 책임을 져야 할까요?

● 그렇게 생각하는 이유는 무엇인가요?

버추얼 아이돌을 좋아하나요?

▫️▫️ 우리 문화를 반영하는 가상의 존재 ▫️▫️

여러분은 버추얼 아이돌에 대해 알고 있나요? 버추얼 아이돌은 인공 지능 기술의 발전과 함께 우리에게 가까이 다가온 존재입니다. 버추얼 리얼리티(가상 현실)라는 개념과 사례는 인공 지능 기술이 발전하기 전에도 있었으니, 버추얼 아이돌 같은 가상의 밴드나 그룹도 사실 최근에 나타난 현상은 아닙니다.

2000년대 초반에 등장한 '고릴라즈(Gorillaz)'라는 영국 버추얼 밴드가 있습니다. '2D', '머독', '누들', '러셀' 4인의 애니메이션 캐릭터로 이루어진 밴드예요. 가수인 데이먼 알반(Damon Albarn)과 애니메이션 감독인 제이미 휴렛(Jamie Hewlett)이 함께 만든 버추얼 밴드입니다. 알반과 휴렛은 마치 기획 상품을 양산하듯이 음악을 찍어 내는 대중음악계를 패러디하기 위해 고릴라즈를 만들었다고 해요. 제작과 기획을 통해 만들어진 비슷비슷한 음악들만 인기를 끄는 시대라면, 아예 애니메이션으로 밴드를 만들어서 마치 사람인 것처럼 활동을 하면 어떻겠느냐는 의미였습니다. 공연 활동을 할 때도 초기에는 스크린을 설치하여 스크린에 캐릭터만 뜨고 실제 뮤지션들은 그림자만 보이도록 했으나, 이후에는 연주하는 뮤지션이 전면에 드러나도록 무대를 세팅했습니다. 지금의 버추얼 아이돌과는 성격이 조금 다르지요.

지금 우리가 보고 있는 버추얼 아이돌의 탄생은 인공 지능 기술의 발전과 밀접한 관련이 있는 것처럼 보입니다. 어떤 기술을 활용했는지에 따라 여러 유형의 버추얼 아이돌이 있습니다. 혹시 버추얼 아이돌을 좋아한다면, 알고 있는 버추얼 아이돌이 있다면 한번 떠올려 보세요. 자세히 찾아보아도 좋습니다. 실제 아이돌과 가상의 아이돌이 함께 활동하는 아이돌도 있고, 3D 기술로 온전히 가상으로 제작된 아이돌도 있

버추얼 밴드 고릴라즈 공연 사진

으며, 인공 지능 기술과 모션 캡처 기술을 활용하여 해당 캐릭터를 연기하는 실제 사람(가수)으로 구성된 아이돌도 있습니다.

버추얼 아이돌이 어떤 모습으로 등장했고, 어떤 활동을 하는지는 그 버추얼 아이돌을 만든 제작사의 성격과 제작 의도를 살펴보면 명확하게 이해할 수 있어요. 앞서 소개한 버추얼 밴드 고릴라즈가 당시 대중음악 산업을 비판하고자 시작했고, 그 의도에 따라 캐릭터, 음악, 활동 방식을 정한 것처럼 말이죠.

만약 여러분이 이 글을 읽으면서 떠올린 버추얼 아이돌이 있다면, 그 아이돌을 제작한 기업을 자세히 찾아봅시다. 예를 들어 현재 버추얼 아이돌 제작사는 인공 지능 관련 기술 개발에 집중하는 회사인 경우도 있고, 게임 회사나 엔터테인먼트 기획사도 있습니다. 버추얼 아이돌의 소속사, 음원 유통 담당 기업, 굿즈 개발 기업이 각기 다른 경우도 있고요. 기업 각각의 성격에 따라 버추얼 아이돌의 유형과 버추얼 아이돌이 활동하고 팬과 소통하는 방식이 서로 다름을 알 수 있습니다.

버추얼 아이돌을 만든 기획자와 개발자의 의도가 무엇인지, 어떤 기업이 버추얼 아이돌 제작에 참여했는지, 그들의 이윤 창출 방식은 무엇인지 살펴보면, 내가 즐겨 보는 버추얼 아이돌의 특성이나 활동하는 방식을 더 잘 이해할 수 있을 거예요.

□□□ 자연스럽게 스며드는 새로운 기술 □□□

인공 지능 기술의 발전으로 가상 인간은 우리와 소통하고 때로는 사회적 이슈에 목소리를 내기도 하며, 우리와 공존하고자 노력합니다. 기술이 발전하고 있지만 가상 인간과 실제 인간을 구분하기 어려울 정도의 완성도는 아직 달성되지 않은 것 같아요. 그래서 인공 지능 기술로 만들어진 가상 인간이 우리와 자연스럽게 만나게 하기 위해, 기술은 가상 인간에게 맥락과 이야기를 부여하여 사람들의 상상력을 불러일으킵니다.

인플루언서로 기획된 가상 인간의 경우 우리가 살아가는 현실과 유사한 사회적 배경을 부여해서, 우리 사이에 자연스럽게 섞이고 소통하도록 만들어집니다. 반면에 버추얼 아이돌은 '지구에 불시착한 외계 생명체' 등 현실과 동떨어진 가상의 서사, 즉 '세계관'을 제시합니다. 이런 세계관은 상상의 눈으로 버추얼 아이돌을 받아들이고 즐기는 문화에 참여할 수 있도록 해요.

이렇듯 버추얼 아이돌은 세계관을 제시하고 아이돌 문화의 규칙(자체 제작 콘텐츠, 챌린지 참여, 라이브 방송, 팬덤이 제작한 2차 창작물 공유 등)을 따르면서, 우리와 다른 가상의 존

재를 받아들일 수 있는 길을 만들며 대중과의 거리를 좁히고
자 합니다. 공통점을 강조하며 자연스럽게 스며드는 방식은
새로운 기술이 도입될 때 많이 보이는 방식입니다.

가상 인간과 공존하며 만들어 가는 새로운 문화

버추얼 아이돌이 어떤 모습으로 등장했고, 어떤 활동을 하고
있는지는 그 버추얼 아이돌을 만든 제작사의 성격과 제작 의
도 등을 살펴보면 명확하게 이해할 수 있습니다. 예를 들어
2023년 데뷔해 인기를 얻고 있는 버추얼 아이돌 '플레이브'
를 제작한 '블래스트'의 관계자는 버추얼 아이돌이 성공하기
위해서는 인간 아이돌에 비길 수 있는 매력이 있어야 한다고
말해요. 하지만 현재 가상 인간을 제작하는 데 어색한 모습의
한계를 넘어서기에는 기술이 부족하니, 인간의 형상을 모방
하는 전략보다는 청소년 세대가 익숙하게 즐기는 웹툰이나
애니메이션의 모습으로 가상 인간을 만드는 선택을 했다고
합니다. 어렸을 때부터 웹툰이나 애니메이션을 보고 자란 세

대는 애니메이션 캐릭터가 아이돌로 활동하는 것에 심리적 거부감이 크지 않으리라 예상했던 것이지요.

온전히 가상의 인물로 만들어진 버추얼 아이돌의 경우, 아이돌의 목소리를 담당하는 사람과 아이돌이 하는 말을 담당하는 사람(들)이 따로 있습니다. 다만 그들이 누구인지 정확히 알기는 힘들어요. 버추얼 인플루언서 '오로지'의 경우 로지의 세계관을 익힌 '로지 팀'이 소통을 담당하는데, 로지 팀의 구성원이 누구인지는 공개되지 않았습니다. 그렇다면 버추얼 아이돌을 좋아하는 것은 그들의 이미지나 노래를 좋아하는 걸까요, 아니면 그들이 하는 말과 소통 방식을 좋아하는 걸까요? 버추얼 아이돌의 행동과 말, 캐릭터는 여러 사람과 기술에 의해 만들어지는 것이니, 실제 아이돌을 좋아하는 것과 다른 경험일까요?

기술이 발전하면서 어색한 모습의 한계를 넘어서는 단계가 올 수도 있습니다. 실제 인간과 구분이 어려운 가상 인간의 존재에 대해 우리는 어떻게 느낄까요? 우리는 실제와 구분이 어려운 가상 인간을 원하게 될까요, 아니면 어떤 단서가 있어서 가상임을 알 수 있는 가상 인간을 원하게 될까요?

버추얼 아이돌의 경우 물리적 공간에서 소통하기는 쉽지 않습니다. 버추얼 아이돌과 우리의 소통이 주로 이루어지는 공간은 다양한 온라인 플랫폼이지요. 온라인 플랫폼에서 가상 인간과 소통할 때 우리는 어떤 태도를 지녀야 할까요? 가상 인간을 향한 괴롭힘 사례를 이미 쉽게 목격할 수 있습니다. 인공 지능 기반 챗봇인 '이루다'가 등장했을 때 이루다를 향한 성희롱 등이 문제가 되었던 것이 기억납니다. 역으로 가상 인간과 소통할 때 가상 인간이 나를 괴롭히거나, 가상 인간이 허위 정보를 퍼뜨린다면 그 책임은 누가 져야 할까요? 인공 지능 기술의 특징 중 하나로 책임의 소재가 모호함을 꼽을 수 있습니다. 책임지지 않는 가상 인간과 소통한다는 것은 어떤 의미일까요?

기술은 사회를 그대로 반영할까, 아니면 새로운 대안을 제시할까

버추얼 아이돌 같은 가상 인간은 기술과 기획으로 만들어진 존재입니다. 버추얼 아이돌의 외형이나 성격은 우리 사회가 매력적이라 평가하는 특성이 무엇인지 보여 주지요. 그리고 버추얼 아이돌 같은 가상 인간은 사람의 모습을 하고 있지만, 만들어진 존재라는 점에서 인간의 한계를 극복할 수 있습니다. 이를테면 신체적 한계가 없지요. 나이가 들지 않을 수도 있고, 오랜 시간 활동을 해도 지치지 않을 수도 있습니다. 감정적 제한이나 과거의 잘못된 언행으로 인한 위험도 없을 겁니다.

하지만 이런 생각도 해 보게 됩니다. 미성년자 아이돌 멤버에게 지나친 외모의 잣대를 들이밀어 극심한 다이어트를 부추기는 상황이 문제가 되고 있는데, 버추얼 아이돌로 비현실적 몸매나 외모를 재현하는 것이 바람직할까요? 만약 버추얼 아이돌 같은 가상 인간이 지금보다 많이 만들어지고 우리와 공존하게 된다면 가상 인간이 어떤 모습으로 재현되는지를 주목해서 볼 필요가 있습니다.

만약 여러분이 버추얼 아이돌을 기획하고 개발한다면 어떤 모습일까요? 가상 인간을 제작할 때 어떻게 하면 사회의 다양성과 개성을 고려하고 반영할 수 있을지, 그리고 왜 이런 고민이 필요한지 생각해 보면 좋겠습니다.

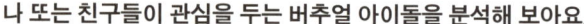

함께 생각해 봅시다

나 또는 친구들이 관심을 두는 버추얼 아이돌을 분석해 보아요.

- 그 버추얼 아이돌에 대해 어떻게 알게 되었나요?

- 어떤 세계관을 가지고 있나요? 그 세계관에 대해 어떻게 생각하나요?

- 아이돌의 외형과 성격은 어떤가요? 왜 그렇게 만들어졌을까요?

- 그 버추얼 아이돌은 누구를 주요 팬층으로 삼고 있나요?

내가 버추얼 아이돌을 기획한다면 어떤 모습일까요?

- 누가 주요 팬층이면 좋을까요?

- 아이돌의 외형과 성격은 어떤가요? 왜 그렇게 정했나요?

- 세계관은 어떻게 정했나요?

- 팬층을 확보하기 위한 전략(소통 방식 등)은 어떻게 세울 것인가요?

- 이익은 어떻게 낼 것인가요?

- 인공 지능 기술을 이용하여 버추얼 아이돌을 개발할 때 지켜야 할 원칙을 생각해 봅시다.

책을 마무리하면서 미디어를 좋아하는 여러분에게, 미디어 경험에 대해 고민하는 여러분에게 몇 가지 하고 싶은 말이 있어요. 이 이야기는 사실 미디어를 좋아하는 저 스스로에게도 되뇌는 말입니다.

먼저, 미디어를 경험할 때 멈추고 생각하는 습관을 들여 보아요. 우리는 미디어 세상에서 다양한 정보와 콘텐츠를 접하고 여러 사람을 만나게 됩니다. 디지털 미디어는 우리가 만날 수 있는 사람과 정보의 범위를 무한정 늘린 것처럼 느껴지기도 해요. 스마트폰이나 태블릿을 켜고 미디어 세상에 발을 들여놓으면 순식간에 시간이 지나가 버리는 것도 끊임없이 쏟아지는 각종 정보와 경험 때문일 수 있습니다.

빠르게 우리 손끝을 스쳐 가는 정보와 경험 속에서, '멈추고 생각하기'는 쉽지 않아요. 앞서 다루었듯이 지금 우리가 경험하는 미디어 환경의 대부분을 이루는 미디어 플랫폼들이 이윤 추구를 위해 '멈춤'을 어렵게 하는 구조로 되어 있기 때문입니다.

하지만 끝없이 넓어지고 있는 것 같은 미디어 세상에서 나만의 잣대를 키우기 위해서는 '멈추고 생각하기'가 꼭 필요합니다. 나는 왜 이 미디어를 좋아하지? 이 미디어에서 하는 경험 중에서 나에게 잘 맞는 것은 무엇이고 맞지 않는 것은 무엇이지? 어떤 것을 선택하고 어떤 것은 버릴까? 미디어를 통해 하지 못하는 경험이나 접하지 못하는 이야기는 무엇이 있고, 그것은 어디에서 어떻게 찾아야 할까? 이런 질문들을 던지다 보면, 미디어에 끌려가는 것이 아니라 미디어를 주도적으로 선택하고 조절하는 경험을 할 수 있습니다.

두 번째로, 미디어 세상에서 타인을 존중하는 태도에 대해 고민해 보아요. 지금의 미디어 세상은 내가 아는 사람, 알지 못하는 사람, 때로는 인공 지능 챗봇처럼 인간이 아닌 존재와도 소통하고 교류하는 곳입니다. 프로필 사진이나 아이디로 나타나는 상대방에게, 내 옆에 앉아 있는 친구처럼 배려하거나 마음을 쓰기는 쉽지 않죠. 하지만 미디어 세상에서 나의 행동과 말은 오프라인에서와 마찬가지로 상대방에게 영향을 주고, 온라인의 평판을 결정하기도 합니다.

온라인에서 어려움을 겪는 친구를 본다면, 외면하지 말고 어떻게 도울 수 있을지 고민해 주세요. 어려움에 처한 사람을 도우려는 사람이 있으면 목소리를 내어 힘을 모아 주세요. 온라인 괴롭힘을 목격했을 때 혼자 도움을 주려고 나서는 것은 두려울 수 있습니다. 누군가가 나서 도움을 주려 할 때 많은 사람이 적극적으로 목소리를 모아 주어야 합니다.

끝으로, 미디어가 어떻게 변화하면 좋을지 상상해 보아요. 지금의 미디어 세상이 더 많은 사람에게 편안한 곳이 되려면 어떤 점이 어떻게 바뀌어야 할까요? 일상에 공기처럼 섞여 있는 미디어 세상에 대해 이런 고민을 한다는 것이 귀찮게 느껴질 수도 있습니다. 편한 것은 편한 대로 쓰고 조금 이상하거나 불편한 것은 그냥 피해 가면 되지 않을까 생각할 수도 있고요. 하지만 모두가 피해 가고 만다면, 이상하고 불편한 경험들이 우리가 생활하는 미디어 세상에 악영향을 미칠 수도 있습니다.

미디어를 이용할 때 불편하고 이상하게 느껴졌다면 왜 그랬나요? 미디어가 어떻게 변화하면 이런 부정적인 모습이 줄어들 수 있을까요? 사람들의 행동과 태도는 어떻게 바뀌면 좋을까요? 이런 생각을 하며 새로운 미디어의 모습을 상상하고 목소리를 내는 것은, 보다 건강한 미디어 환경을 만들기 위한 첫걸음이 될 수 있습니다. 물론 미디어 환경을 건강한 곳으로 만들기 위한 청소년 여러분의 의견과 목소리에 제대로 귀 기울이는 어른들의 역할도 중요하고요.

여러분은 미디어를 이용하는 사람이자, 동시에 미디어를 만들어 가는 사람입니다. 앞으로 미디어 플랫폼을 기획하거나 개발하는 사람이 될 수도 있고, 미디어 콘텐츠나 정보를 제작하고 공유하는 사람이 될 수도 있어요. 이미 그러고 있는 분들도 있을 겁니다. 미디어 환경의 주인인 여러분이 유행에 휩쓸리지 말고 나만의 목소리를 만들어 가기를, 그리고 서로의 모습을 존중하면서 소통하는 건강한 미디어 환경을 함께 꿈꾸기를 바라고 응원합니다.

참고 자료

1부

메타 개인 정보 처리 방침, facebook.com/privacy/policy.

2부

「틱톡, 우크라 전쟁 관련 '허위 정보 온상' 논란」, 연합뉴스 2022.03.10.

「우크라이나 전쟁: 틱톡 가짜 영상, 수백만 조회 수 기록」, BBC 뉴스 코리아 2022.04.28.

「10살 소녀 숨진 '기절 챌린지'… 美법원 "틱톡에 책임 있을 수도"」, 연합뉴스 2024.08.29.

김혜인『2014 문화예술 트렌드 분석 및 전망』, 한국문화관광연구원 2014.

「화제의 '꽁냥이 챌린지', 저작권 두고 시끌… 진짜 주인은 누구?」, SBS 뉴스 2024. 05.04.

리처드 도킨스『이기적 유전자』, 홍영남·이상임 옮김, 을유문화사 2018.

3부

"Netflix Squid Game schools warning sent to parents", BBC 2021.10.19.

영상물등급위원회 등급 분류 기준, kmrb.or.kr/kor/CMS/Contents/Contents.do?m-Code=MN096.

「"대량 댓글 AI, 50만원에 팔려"… 여론조작 우려」, 동아일보 2024.01.18.

틱톡의 For You Feed, newsroom.tiktok.com/ko-kr/foryou.

크리스 스토클-워커 『유튜버들』, 엄창호 옮김, 미래의창 2020.

4부

디지털공론장 디지털 심화 대응 실태 진단, beingdigital.kr/front/iagnosis_view.do?pageView=_14.

"Mother says AI chatbot led her son to kill himself in lawsuit against its maker", *The Guardian* 2024.10.23.

Robbie Torney·Common Sense Media, *AI and Our Kids*, Common Sense Media 2023.

사진 출처

발견의 첫걸음 12

나는 왜 쇼츠를 멈추지 못할까

10대를 위한 실전 미디어 리터러시

초판 1쇄 발행 • 2025년 6월 27일
초판 2쇄 발행 • 2025년 9월 15일

지은이 • 김아미
펴낸이 • 염종선
책임편집 • 김준성
조판 • 박지현
펴낸곳 • (주)창비
등록 • 1986년 8월 5일 제85호
주소 • 10881 경기도 파주시 회동길 184
전화 • 031-955-3333
팩스 • 영업 031-955-3399 편집 031-955-3400
홈페이지 • www.changbi.com
전자우편 • ya@changbi.com

ⓒ 김아미 2025
ISBN 978-89-364-5332-9 43330